INSIGHT SELLING

绝对成交

大客户营销内训手册

[美]迈克·舒尔茨（Mike Schultz）
[美]约翰·E. 杜尔（John E. Doerr） /著

伍文韬 /译

中国科学技术出版社
·北京·

Insight Selling: Surprising Research on What Sales Winners Do Differently by Mike Schultz and John E. Doerr
Copyright © 2014 by Mike Schultz and John E. Doerr
This edition is published by arrangement with John Wiley & Sons International Rights, Inc., Hoboken, New Jersey
Simplified Chinese edition copyright © 2023 by **Grand China Publishing House**
All Rights Reserved.
This translation published under license with the original publisher John Wiley & Sons, Inc.

No part of this book may be used or reproduced in any manner whatever without written permission except in the case of brief quotations embodied in critical articles or reviews.
Copies of this book sold without a Wiley sticker on the cover are unauthorized and illegal.

本书中文简体字版通过 Grand China Publishing House（**中资出版社**）授权中国科学技术出版社在中国大陆地区出版并独家发行。未经出版者书面许可，不得以任何方式抄袭、节录或翻译本书的任何部分。

北京市版权局著作权合同登记　图字：01-2022-5155。

图书在版编目（CIP）数据

绝对成交大客户营销内训手册 /（美）迈克·舒尔茨（Mike Schultz），约翰·E.杜尔（John E. Doerr）著；伍文韬译 . -- 北京：中国科学技术出版社，2023.7

书名原文：Insight Selling

ISBN 978-7-5046-9777-6

Ⅰ.①绝… Ⅱ.①迈… ②约… ③伍… Ⅲ.①企业管理 – 营销管理 – 通俗读物 Ⅳ.① F274-49

中国版本图书馆 CIP 数据核字（2022）第 158649 号

执行策划	黄　河　桂　林
责任编辑	申永刚
策划编辑	申永刚　方　理
特约编辑	魏心遥　蔡　波
版式设计	吴　颖
封面设计	今亮後聲 HOPESOUND 2580590616@qq.com
责任印制	李晓霖

出　　版	中国科学技术出版社
发　　行	中国科学技术出版社有限公司发行部
地　　址	北京市海淀区中关村南大街 16 号
邮　　编	100081
发行电话	010-62173865
传　　真	010-62173081
网　　址	http://www.cspbooks.com.cn

开　　本	787mm×1092mm　1/16
字　　数	223 千字
印　　张	18
版　　次	2023 年 7 月第 1 版
印　　次	2023 年 7 月第 1 次印刷
印　　刷	深圳市精彩印联合印务有限公司
书　　号	ISBN 978-7-5046-9777-6/F·1129
定　　价	69.80 元

（凡购买本社图书，如有缺页、倒页、脱页者，本社发行部负责调换）

INSIGHT SELLING

如果你追求的是稳定的销售成功，创造基于价值的可持续竞争优势，那么本书可能正适合你。

当销售人员把自己看成改变的使者、新思想和新见解的传播者并且影响其他人时，他们就打开了一扇通往全新世界的大门。

《绝对成交话术内训手册》

针对销售会谈提出 RAIN 全流程销售模式，帮助销售人员展开强力对话，提高成交率，订单拿到手软！

《绝对成交大客户营销内训手册》

将"洞察"运用于 RAIN 模式三级别，为大客户持续创造价值，实现业绩领先、利润增长、客户满意度显著提高！

RAIN 集团简介
INSIGHT SELLING

RAIN 集团（RAIN Group）是一家致力于提升销售业绩的咨询机构，坐落于波士顿。RAIN 集团的业务主要集中在销售培训、测试和提升绩效等方面，以此帮助组织机构改善销售成果。

至今，RAIN 集团已经帮助七十多个国家或地区的数十万名销售人员和经理提升了他们的销售业绩。

RAIN 集团帮助企业：

提高销售技能，改善销售成果：RAIN 集团的销售培训系统能够激发真正的变化，并带来持续的结果。其严格的方法包括销售团队评估、定制的培训计划，以及有力的强化和辅导，提高销售团队在实际销售中的能力，并将培训效果最大化。

增加交叉销售和向上销售，发展关键客户：大多数公司都有一个巨大的、未开发的机会，可以增加自身价值，并向现有客户销售更多的产品。RAIN 集团能够帮助客户利用这些机会，从增加交叉销售和向上销售，到实施主要战略客户管理计划，RAIN 集团会提供客户所需的全部服务。

招聘、录用和留住最优秀的销售人员：RAIN集团评估销售属性和技能，确定真正影响销售业绩的因素。无论你是想聘请会销售的人，还是想提高销售业绩，RAIN集团都能帮助你打造最成功的销售团队。

缩短新入职销售人员的成长周期：RAIN集团对销售人员和团队领导进行培训，以帮助其实现最大和最快的销售业绩增长。RAIN集团还通过RAIN销售教练系统为领导者和职业经理提供培训和认证。RAIN集团的销售培训能真正释放团队潜力，激励团队始终如一地取得最佳结果。

自2002年以来，RAIN集团的领导者和咨询顾问发表了一系列行业标杆报告，诸如《费用与定价标杆基数报告》《销售线索新思路》《客户如何购买》《服务领域营销方案》等。RAIN集团也是销售类主题图书的领军者，出版过《绝对成交话术内训手册》等畅销书。

RAIN 模式
INSIGHT SELLING

RAIN 全流程销售模式简称 RAIN 模式，在《绝对成交话术内训手册》里有详细介绍，具体是指：寒暄（Rapport）、渴望和痛点（Aspirations and Afflictions）、冲击力（Impact）、新现实（New Reality）。

同时，渴望和痛点（A）与冲击力（I）还起着一种提醒的作用，要平衡说服（Advocacy）和询问（Inquiry）之间的关系。冲击力（I）和新现实（N）的组合将帮助销售人员最大程度发挥影响力（Influence）（见图 A.1）。

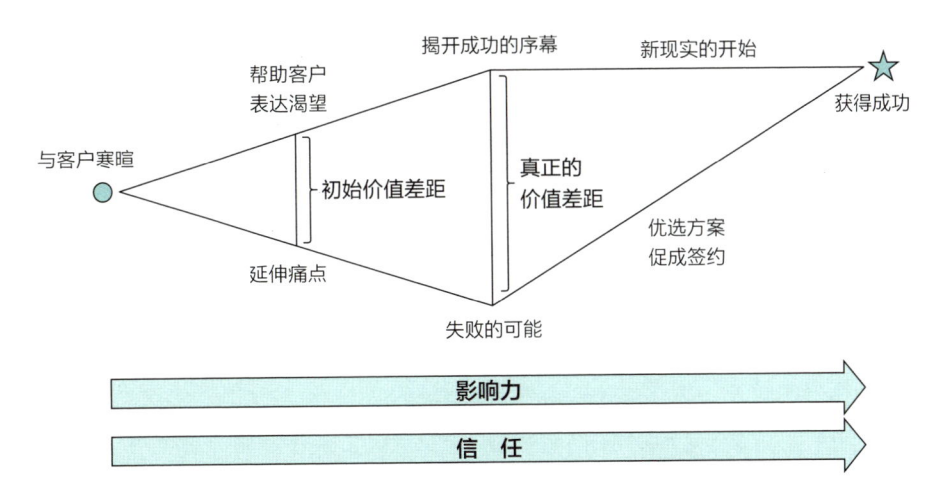

图 A.1 RAIN 模式

寒暄

尽管融洽的人际关系并不代表强大的商业关系，但人际关系在销售中至关重要。

建立融洽关系，有时被认为是一种与潜在客户建立表面联系的策略。而我们认为你不应该只在表面上下功夫，你应该建立真正的联系。真诚的融洽关系会为接下来的对话奠定基础，也会为信任打下基础。在销售过程中与客户建立真诚的联系非常重要，因为在其他条件都相同的情况下，客户会从他们喜欢的人那里购买产品或服务。融洽的关系并不足以让你获胜，但是没有融洽的关系，你就无法走得很远。

渴望和痛点

许多销售方法建议，为了将产品或服务作为解决客户需求的方案来销售，销售人员必须首先发现客户的问题或痛点。然而，这些建议经常驱使销售人员去寻找错误的解决方法。假设客户不认为自己有什么问题，准备安抚客户的销售人员就会陷入死胡同。没有问题需要解决，就意味着没有东西可以出售。

销售人员最成功的运用洞察的方式，是将注意力集中在积极的方面，即客户可以实现的目标、抱负和可能性，而不是消极的方面。专注于渴望和痛点的销售人员能够直接影响客户的行动计划，并通过激励，让客户考虑他们从未考虑过但应该考虑的可能性来推动他们的需求。

冲击力

当销售人员发现了一个潜在客户的渴望和痛点之后，问题就来了：那又会怎样？如果他的痛点没有得到解决，那又会怎样？哪些情况不会发生？痛苦还会加重吗？它们将如何影响他的公司或部门？它们将如何影响他的生活？如果他的愿望没有实现，那又会怎样？如果他不创新，他的竞争对手会超越他吗？如果他的策略不积极，他会失去市场份额吗？他是否永远不能将事业发展到能帮他实现个人财务目标的程度？他想要的晋升机会还会再次离他而去吗？

提出什么问题会随着情况的变化而变化，但是销售人员量化和描述问题的能力将为客户从他这里购买产品打下基础。销售人员为客户带来的冲击力越大，他们购买的紧迫性就会越强。

新现实

销售中最大的困难之一，是帮助客户确切地了解他们在与你合作时会得到什么。要做到这一点，你需要做三件事：

1. 尽早提供可能的新现实。在销售的早期阶段，你必须告诉客户能实现什么样的新现实，以及它为什么值得追求。在销售的后期阶段，你需要让客户看到，他们现在取得的成果还不够好，因为他们可以取得更好的成果（新现实）。他们可能已经知道了，如果不知道，你就向他们展示。在任何情况下，他们需要一条终点线，否则他们无法迈出第一步。

2. 对新现实进行量化。他们会在配件上节省22%或120万美元吗？他们可以将周期缩短13天吗？可以将质量水平提高17%吗？量化新现实让客户关注你的方案，并给他们前进的理由（为了自己和他人）。

3. 画出前后对比图。如果说一张图片胜过千言万语，那么一张图片或一个将当前状况和新现实并列在一起的表格就更有价值。你的目标是描绘出一幅具有说服力的画面，这样做会表明采取行动符合客户的利益，而你就是他们的最佳选择。

说服和询问

我们还要记住平衡说服和询问。

许多缺乏经验的销售人员认为，他们的工作就是不断地展示和讲述。而这给客户的感觉就像他们正在被出售。如果你一直在说话，客户会觉得你以自我为中心，不关心他们，不理解他们的处境和需求（哪怕你确实理解）。最糟糕的是，精明的客户会认为你不够专业，然后拒绝合作。人们喜欢谈论自己，讲述自己的故事，你需要确保自己给客户留出这样的机会。

销售人员经常会听到这样一句话："那些最成功的销售人员总能问出一些很棒的问题。"这在一定程度上是正确的，问出一些好问题是销售成功的关键，但有些销售人员太把它当真了。如果你总是在询问，就无法分享，无法讲故事，也无法组织起成功的会谈。虽然询问很有价值，但问得太多，客户就会感觉自己在被审问，他们需要知道你能为他们带来什么。你可能会问一些很好的问题，但是客户也需要知道你在销售什么产品或服务。要平衡说服和询问，并知道何时使用哪种方法。

影响力

RAIN 模式中的 I 和 N 提醒你要在销售会谈中发挥影响力。掌握了影响他人的原则，你就会在销售会谈的每个阶段中都表现得更有效率。

荣誉榜
INSIGHT SELLING

在顶级销售与市场营销奖（topsalesworld.com）评选中，RAIN 集团斩获六大奖项，其中四项金奖、一项银奖和一项铜奖。

◎ 顶级销售书金奖：《绝对成交话术内训手册》

◎ 顶级思想领袖金奖：迈克·舒尔茨和约翰·E. 杜尔

◎ 销售精英资源网站金奖：www.RainToday.com

◎ 顶级销售电子书金奖：《销售培训为何失败》（Why Sales Training Fails）

◎ 顶级销售网络研讨会银奖："成功销售培训的 7 个原则"项目研讨会

◎ 顶级销售精英论文铜奖：《立刻升维你的价值定位的 3 种方法》（3 Ways to Improve Your Value Proposition Right Now）

RAIN 集团获奖纪录：

◎ 《营销力》杂志 2022 年度 Top20 营销培训公司

◎ 2023 年度最佳营销培训计划金奖（史迪威奖）

- ◎ 布兰登·霍尔卓越奖销售业绩铜奖
- ◎ 2023 年度培训行业（Training Industry）"销售培训与赋能"全球 20 强
- ◎ 2022 年度全球公司 5000 强

实践落地 RAIN 模式的全球知名客户：

- ◎ 卡里布拉（Covetrus）
- ◎ 花旗集团（Citigroup）
- ◎ 澳都斯（Optus）
- ◎ 丰田（TOYOTA）
- ◎ 劳氏（Lowe's）
- ◎ 联合利华（Unilever）
- ◎ 万豪国际（Marriott International）
- ◎ 桑坦德集团（Santander Central）
- ◎ 佳能（Canon）
- ◎ 汤森路透集团（Thomson Reuters）
- ◎ 新百伦（New Balance）
- ◎ 英迈（Ingram Micro）
- ◎ 乐高教育（LEGO Education）
- ◎ 施乐（FUJI Xerox）
- ◎ 阳狮集团（Publicis Groupe）
- ◎ 奥多比（Adobe）
- ◎ 金佰利（Kimberly Clark）
- ◎ 安永（Ernst & Young）

本书赞誉

尼尔·雷克汉姆（Neil Rackham）
经典畅销书《销售巨人》（SPIN Selling）作者

　　大多数有经验的销售人员都会同意，虽然很多现有的销售模式是好的，但也有些已经过时了，必须改变。最难的部分是决定保留什么、改变什么、抛弃什么。《绝对成交大客户营销内训手册》给出了一个具有说服力的例子，说明当前正在实践的做法中哪些我们应该保留，哪些必须调整，哪些应该完全更改。无论你是一个经验丰富的销售人员，还是刚刚开始做销售，你都可以从这本书中学到一些有用的东西。

吉尔·康耐斯（Jill Konrath）
畅销书《敏捷销售》（Agile Selling）和《速售》（SNAP Selling）作者

　　舒尔茨和杜尔是真正的销售精英思想领袖。

　　《绝对成交大客户营销内训手册》精确地勾勒出你需要做什么来让自己脱颖而出，并跻身赢家的圈子。即便是最有经验的销售人员，也必须读一读这本书。

吉姆·马德森（Jim Madson）
泰科国际（Tyco SimplexGrinnell）销售副总裁

虽然销售解决方案现在还没有消亡，但它已只是廉价把戏。在这本书中，舒尔茨和杜尔提供了高级的"洞察销售"的基础知识和技术，帮你成为真正的销售赢家！毕竟，在销售中，排名第二的人也是失败者。

彼得·奥斯特罗夫（Peter Ostrow）
阿伯丁集团（Aberdeen Group）客户管理副总裁兼研究组主任

十年前的专业销售人员甚至不会意识到今天的环境、挑战和所需要的技能。本书的内容对于当今的销售人员来说是必不可少的。

理查德·托伯（Richard Tober）
凯捷管理顾问公司（Capgemini）高级副总裁

如今的增长模式与几年前大不相同，但许多销售人员还未能适应。对于那些渴望提升自己水平的人来说，阅读本书是正确的选择。

戈德·史密斯（Gord Smith）
日立解决方案有限公司（Hitachi Solutions）合伙人

很少有销售图书注定会成为经典之作，真正改变销售世界。而本书将会加入这个稀有的俱乐部，经受住时间的考验。

推荐序
INSIGHT SELLING

如何在 B2B 营销世界成为顶尖销售高手

全球著名销售大师　SPIN 销售模式创始人

尼尔·雷克汉姆

　　由于工作关系，我评审过很多销售类图书，这个过程喜忧参半。我差不多每周都会收到一份来自作者或出版社的书稿，希望我予以点评或提供反馈。当然，他们真正希望得到的是一份溢美之词，以便让书大卖。将这些饱含期待的书稿读完，并且搜肠刮肚地寻找优点，并不轻松。

　　我通常有种难以抑制的冲动，想借用 18 世纪英国著名作家和文学评论家塞缪尔·约翰逊（Samuel Johnson）的一句话回复他们："您的作品既精彩又独到。不过遗憾的是，精彩的部分不够独到，独到的部分不够精彩。"从好的方面看，我的确在很多观点还没出版时就知道了它们，得以熟悉目前销售行业的大致趋势；从不好的方面看，每读到一本真心想推荐的书之前，我已经读了一堆的烂书。

　　请原谅我这几分钟的抱怨，因为我想指出很多"准畅销"书中存在的毫无用处的苗头，这种苗头在销售类图书中表现得尤其明显。它们套用了一种我称之为"末日销售"的公式。这种方法是这样："你之前学的关于销售的方法都是错误的，如果不马上抛弃，你所有的销售努力就会以惨败收尾。但我发现了一种很简单的解决方法。那就是……"于是这个作者开始推销这种神奇方法，比如"我的勘察方法""我的挑选系统""我们的销售漏斗管理流程"或者"我们独创的社会媒体分析法"等。

顾问式销售并未终结，
发生改变的是与客户建立关系的方式

我之所以提到畅销书中的"末日销售"乱象，是因为迈克·舒尔茨和约翰·E.杜尔的新书没有这种弊端。他们努力证明，过去多年所学的技能、知识和销售方法在未来仍然有效。毫无疑问，我们需要调整目前的行事方式以适应快速变化的销售行业，但现有的方法并没有过时，更不是一无是处。我们目前的流程和程序是打造未来更有效销售的坚实基础。在销售类图书和销售专家让你抛弃一切时，这条信息非比寻常。

"末日销售"方法损人不利己。假如《哈佛商业评论》(*Harvard Business Review*)这种严肃杂志发表了一篇题为《顾问式销售已终结》的文章，它将损害所有参与方的可信度。销售行业近年来发展势头良好：它无须这类夸张的表述。

正如舒尔茨和杜尔所指出的，顾问式销售并没有消亡或者结束，它只是需要适应新的销售世界。他们还描绘了一幅具有说服力的行动线路图。

我们现有的很多做法仍然不错，也有些做法已经过时并需要被改变，大多数经验丰富的销售人员对此都表示赞同。正如本书所解释的，最艰难的部分在于判断哪些需要保留，哪些需要改变，哪些需要抛弃。以关系为例，传统智慧告诉我们，建立关系是所有企业对企业（B2B）销售的基础，也是大部分零售业的基石。然而，尤其是从 2011 年《挑战者销售》（*The Challenger Sale*）出版之后，"末日销售"的支持者们宣称"关系不再重要，关系销售只是困兽犹斗"。

这种观点错得离谱。发生改变的是与客户建立关系的方式。过去，销售人员是先建立关系，再销售。而今天客户很少有时间或有意愿在销售前建立关系。相反，融洽的关系是客户回报给那些创造价值的销售人员。因此，销售先行，融洽的关系从销售时开始建立。这跟"末日销售"的关系论立场完全不一样，关系很重要，只是不再需要在销售前建立。

基于客户需求，复杂的现实更需要精简的模式

舒尔茨和杜尔中肯地说明了目前的销售做法中哪些必须改变，哪些只需轻微调整。他们先调研，再推荐，最让我欣赏的是他们对调研内容的巧妙设计。他们采用的方式是对比销售赢家与第二名，他们的调研更多地基于客户，而不是销售人员。本书将助你在新的销售世界里所向披靡。

以往太多的销售调研都依赖于非黑即白的方法论，也就是对比极端情况：顶尖高手与最差劲的对手、优秀做法与不良做法、成功公司与失败公司。

根据我的经验，这种做法更多地揭示了失败的原因，而不是成功的。你应该比较赢家与距离赢家一步之遥的对手，这样你才能知道是哪些因素最终成就了赢家。即便在今天，太多的销售模式仍旧围绕着我们如何展开销售，而不是我们的客户如何购买。

他们推荐的模式很简单，这点我也认同。我评审的大部分书稿内容都建立在复杂的模式上。有次我问一个作者，为什么她的书中有一个 14 步的流程。"这样更接近现实，"她回答，"少了任何一步都是简化。"对她而言，测试一

个模式是否有价值的标准是它有多接近现实世界，没有细想过这个问题的人可能会赞同她的想法。

而我的想法恰恰相反，如果现实世界真的有序，我们就不需要模式，直接利用现实就可以了。遗憾的是现实世界喧闹、无序，比我们想象的更加复杂和难以控制，这就是为什么我们需要模式。完美的模式简化现实，但保留合理性。

RAIN 模式三级别横空出世

本书两位作者在《绝对成交话术内训手册》中针对销售会谈提出了 RAIN 全流程销售模式，帮助成千上万的销售人员展开强力对话。如今两位作者在 RAIN 模式的基础上更进一步，总结出 RAIN 模式三级别，帮助人们解决 B2B 营销难题。

RAIN 模式级别一：关联（Connect）。它解释了销售赢家如何以独特的方式建立客户、产品和解决方案之间的关联。

RAIN 模式级别二：说服（Convince）。它展示了销售赢家更好地对客户做出区分，向客户展示收益，以及处理客户眼中的风险（在我看来，人们低估了这种销售技能）。

RAIN 模式级别三：合作（Collaborate）。它包含了销售赢家如何用新理念和新视角教育客户，设定共同目标，为客户的成功投入时间和精力，像合伙人一样与客户合作。

为什么一些销售人员能够获胜，而有些只能屈居第二？在这个相当简明的模式中，你会读到详细的理由。同样，你可能也会像我一样，时不时踢自己一脚，回忆起之前的某次销售，你如果当时做好了某个细节，就可以大获全胜。你还会发现自己在想：哈，没错！这就对了！同样很有价值的是，这本书还会让你真正洞察那些你拔得头筹却不明所以的时刻。不管是哪种情况，本书都会让你有所收获。

目录
INSIGHT SELLING

洞察销售准备篇

大客户营销顶层逻辑　　　　　　　　　　1

客户的消费模式在变，产品或服务类型在变，行业竞争也日益激烈，那些脱颖而出的销售人员的制胜绝招是什么？

当今社会，客户有很多可选择和可替代的同类型商品，销售人员应如何重塑客户认知，主动创造销售机会？

销售人员如何将自己的产品或服务变成客户最想得到的商品？

第1章　销售赢家：以客户为中心，为客户持续创造价值　　2

700多次B2B成交，揭秘销售赢家制胜绝招　　　　3
6项核心因素：推动客户只与你反复签单　　　　　5
RAIN模式三级别："关联—说服—合作"　　　　　6
信息爆炸时代，提供洞察力就是提供价值　　　　　18
洞察贯穿始终，与客户朝共同的目标前行　　　　　21

第2章　为什么洞察销售将开启全新销售革命？　　25

产品和服务可替代，但洞察不可替代　　　　　　　25
主动创造机会的销售人员本身就是价值所在　　　　27
2种形式重塑认知，进而影响客户选择　　　　　　30

从根本上转变思路，让业绩一飞冲天　　32
销售人员是改变的使者，打开通往新世界的大门　　34

| 第 3 章 | 价值定位：让客户从你手中得到最想要的东西　　37

为什么只有你能给客户带来更多价值？　　38
高效的战略客户管理：内部评估与创新合作　　39
"3 点定天下"价值定位图　　41
真实案例：理解决策过程的销售人员拥有巨大的影响力　　47

洞察销售理论篇

在 RAIN 模式三级别中运用洞察　　57

RAIN 全流程销售模式帮助销售人员展开强力对话，引导销售会谈，在此基础上，RAIN 模式三级别重点解决大客户营销难题。洞察销售如何在 RAIN 模式三级别中发挥作用？

关联、说服、合作这三个级别不是孤立的，实际销售中，如何才能做到逐层递进，深化客户关系？

除了产品的价值，销售人员自己如何成为价值所在？

| 第 4 章 | 关联：为最大限度提供商业价值打开大门　　58

价值共生的核心法则　　60
理解需求并提出有说服力的解决方案　　68
RAIN 模式引导高水平会谈　　69
11 个颠覆性问题，帮客户走出舒适区　　72

| 第 5 章 | 说服：创造令人信服的故事就能推动改变　　79

想让客户共情并行动，你要把道理讲成故事　　80
决策 3 要素：客户的信心需要你来给　　82
7 步骤构建令人信服的故事框架　　86

第 6 章　合作：你的独特优势是带来新理念和新视角　103

高效能公司的业绩和利润增长是其他公司的 2~3 倍　104
合作型讨论比单纯推销有效 10 倍　107
在合作中，销售人员可以创造的 6 大价值　108
2 个关键让客户重视你提供的机会　111
善于建立合作的 5 个常见特征　113
行动路径：促成销售会谈的 5 个阶段　115

第 7 章　信任始终是洞察销售成功的关键　124

只有客户信任才能实现的 5 个神奇效果　125
构建信任的 3 个核心因素　127
8 条法则循序渐进赢得客户信任　134

洞察销售实践篇

击破大客户营销难题　141

如何成为洞察型销售人员？如何评估和定位，挖掘有潜力的新人？
为什么说洞察销售是一种战术，而不是一种追求？在实际运用 RAIN 模式三级别时，容易犯什么错？
客户的渴望和痛点不同，客户的性格也不同，面对不同客户，如何使用更有针对性的策略？
销售培训投资巨大，收效甚微，时效很短，作为企业负责人如何逆转这一现状？

第 8 章　除了技能和知识，洞察型销售人员还应具有哪些品质？　142

从数千个销售人员样本中总结出今天的品质需求　143
倾向是推动行为的引擎，品性是指引行为的舵　145
理性评估并定位，挖掘潜力人才　158

| 第 9 章 | 规避洞察误区，掌控风险　　　　　　　　　　**165**

　　　洞察销售最重要、最普遍的 3 大错误心态　　166
　　　RAIN 模式三级别中最常见的误区和误解　　168
　　　进行销售会谈时的误区　　　　　　　　　　175
　　　建立洞察型销售团队的误区　　　　　　　　177

| 第 10 章 | 不同客户"买"和"不买"的表象背后　　　　**182**

　　　深入解析购买模式的客户心理　　　　　　　183
　　　和 8 种典型客户交易的实战演练　　　　　　189

| 第 11 章 | 如何让销售培训效果好、时效长？　　　　　**208**

　　　销售培训失败的 7 宗罪　　　　　　　　　　209

后　记　创造基于价值的可持续竞争优势，
　　　　你就能获得稳定的销售成功　　　　　　　　**229**

附录 A　在销售会谈中运用洞察　　　　　　　　　　**231**

附录 B　如何讲述具有说服力的故事　　　　　　　　**253**

致　谢　　　　　　　　　　　　　　　　　　　　　**257**

INSIGHT SELLING

洞察销售准备篇

大客户营销顶层逻辑

　　客户的消费模式在变，产品或服务类型在变，行业竞争也日益激烈，那些脱颖而出的销售人员的制胜绝招是什么？

　　当今社会，客户有很多可选择和可替代的同类型商品，销售人员应如何重塑客户认知，主动创造销售机会？

　　销售人员如何将自己的产品或服务变成客户最想得到的商品？

第1章 销售赢家：
以客户为中心，为客户持续创造价值

众所周知，与几十年前相比，如今的客户掌握了更多的信息。客户主要通过网络获取信息，此外还有越来越普及的研究信息和专业咨询。客户比之前任何时候都更了解销售人员的服务内容、市场供求、竞争情况、自身需求、行业情况和待选方案。

大客户营销面临着另一个现实：如今的客户更难搞定，购买周期更长，每笔交易涉及的决策者更多，客户也更犹豫不决。虽然销售行业的"大萧条"还远未到来，但今后的销售之路无疑会更加艰难。

从20世纪70年代至今，销售行业的理念没有太大改变。近年来盛行的理念，是销售人员只要研究和利用好传统方法或顾问式销售，就能持续获得优秀的销售业绩。

然而，事实远不是这样。

客户的消费模式在改变，产品或服务类型在变迁，行业竞争也日益激化，顾问式销售风头不再也不足为奇。《哈佛商业评论》等主流媒体的文章中时常会出现"顾问式销售已终结"之类的评论。而我们RAIN集团也看到了这一趋势。

事实上，我们已经身处销售的新世界。万物兴衰的规律决定了一种模式的衰落往往伴随着另一种模式的崛起。那些仍囿于旧模式的销售人员的业绩肯定会下滑。近年来，很多公司越来越频繁地向我们求助："我们之前的销售方式行不通了。"危机迫在眉睫。

虽然这些销售人员抱怨销售量下跌，但是交易仍每时每刻都在发生！这说明有些销售人员在脱颖而出。这就引出了一个非常明显的问题：他们的制胜绝招是什么？

700多次B2B成交，揭秘销售赢家制胜绝招

这个问题很难有统一答案，但我们决定从这个问题着手研究，于是我们把问题展开：

和客户虽然心动过但最终没有选择的第二名相比，与客户成功达成交易的销售赢家有哪些独门绝招？

为了找到答案，从2012年底到2013年初，我们开始研究服务、金融、咨询、技术和制造业等众多领域B2B销售情况，他们的销售过程通常有些复杂。

我们研究了众多客户731次B2B成交结果，从总量上看，这些客户贡献了31亿美元的年成交额。除了上述研究，我们还采访了150多家企业的采购员，了解它们的采购经历。

下面是我们的发现：

◎ 销售赢家与第二名的做法完全不同。在很多方面，销售赢家都能出奇制胜，令人惊叹。

3

◎ 销售赢家的成交过程环环相扣，第二名很难望其项背。

◎ 有几个共同的核心特质让销售赢家脱颖而出，但以前销售界很少有人讨论它们。这些特质值得我们关注。

◎ 顾问式销售的理念仍行得通，但想要顺利成交，我们需要做更多。因此，顾问式销售的核心理念需要重新打磨和优化。

在分享更多细节前必须指出，我们并没有选择性地呈现研究结果。我们的出发点是寻找原因和解决问题。我们希望这些结论可以帮助我们调整思路，改善我们的销售咨询服务和RAIN销售培训项目，激励我们不断提升和进步。事实上，我们一直都在这样做。

客户的关注点和销售人员截然不同

各类销售图书和文章很有意思的一点是，它们的很多建议表面看起来行得通，即便在销售领域拥有加起来超50年经验的我们也是如此认为。

除了少数例外，大部分销售方法听起来都不错，而事实上其中有些完全是错的，至少对某些行业和某些人来说是错的。然而，从坏建议中找出合理建议并非易事。

找出好建议的方法有很多，但并非所有方法都管用。销售调查的方法通常是询问销售业务员、销售经理和公司领导：销售赢家和表现一般的销售人员各自做了什么？然而，人们认为自己所做的事情和他们实际做的事情，往往并不一致。

举一个例子，亨记研究所（Hinge Research Institute）对一些B2B销售的客户和销售人员进行了调研，调查客户对销售公司和营销策略的看法。

亨记的管理合伙人李·弗雷德里克森（Lee W. Frederiksen）博士告诉我们：

"总体来说，销售人员和客户在销售过程中的关注点截然不同。比如，销售人员通常会高估成交过程中价格因素的重要性。他们对价格的关注度是客户的两倍。"我们还发现了客户和销售人员在认知上的不一致。我们在调研中问了几百个销售人员和客户几个同样的问题。客户眼中的销售过程和销售人员自认为的销售过程相当不同。

《绝对成交大客户营销内训手册》就是站在客户的角度进行调研，再得出结论。正如前面提到的，我们的目标是找到问题的真正答案。销售赢家和第二名的做法究竟有哪些不同？

6 项核心因素：推动客户只与你反复签单

我们让客户回想最近的交易，并对销售赢家和第二名进行打分。我们的目的是：

客户印象：客户对销售赢家的哪些销售行为有深刻的印象？
选择理由：销售赢家比第二名多做了什么，才使客户最终选择了销售赢家？
成交因素：客户认为第二名做出哪些改变，才有更大机会成交？

这三个方面是顺利达成当前交易的关键，也是销售人员的制胜策略。我们也调研了客户愿意成交的核心推动因素：

客户满意度：客户对整个交易过程满意吗？
客户回购：客户会再次购买同样的产品或服务吗？
客户推荐：客户会向其他人推荐自己购买的产品或服务吗？

这后三个方面也有助于达成当前交易，而且它们对赢得后续交易的作用更为关键。

这六个方面像拼图，当我们把它们拼合起来时，就形成了一个引人入胜的故事。原来销售赢家的做法与第二名截然不同，销售赢家之间还有着很多共性！在本书中，我们想传达的信息，是那些愿意改进自己销售行为的销售人员，能够让当前交易的价值最大化，还会持续取得销售成功。我们将竭尽所能呈现和解密销售赢家的做法，这些做法被称为 RAIN 模式三级别。

阅读 RAIN 模式三级别之前要谨记：销售人员在学习和应用这个销售模式的过程中，不应孤立地看待三个级别，而应把它们看成一个综合体。综合应用，这三个级别将会相互促进，产生合力。反之，去除任何一个级别（或一个级别中的一部分），都会对销售结果产生不良的影响。

RAIN 模式三级别："关联—说服—合作"

我们将研究成果总结成 RAIN 模式三级别，正是它们使销售赢家胜过了第二名。下面是对这种模式的阐释。

级别一：关联

在公司的产品或服务与客户的需求之间建立关联，为客户提供解决方案，销售赢家在这方面比第二名做得更多。销售赢家会更多地倾听客户的需求，更多地与客户联系。

这听起来非常像关系式销售或顾问式销售。关联不仅仍然有效，而且非常关键。过去的销售人员单靠级别一就能大获全胜，而现在，它只能算是第一步。

级别二：说服

销售赢家能够让客户相信他们可以获得最大收益，而风险在可接受范围内，他们能让客户相信自己是所有销售人员中最好的一个。很多销售人员并不擅长说服客户，甚至有不少人不愿多费唇舌。如果愿意并且能够说服客户，销售人员就能签下更多订单。

级别三：合作

销售赢家会通过实际行动与客户合作，客户认为他们有责任心、积极主动、容易打交道（工作中积极配合）。同时，合作不仅指销售人员与客户的互动过程，还包括他们具体的销售行为。

客户认为销售赢家在交易过程中真心实意地与自己合作，换句话说，与客户精诚合作以达成共同的目标。客户认为合作型销售人员对于顺利成交至关重要。

关联、说服和合作，这就是销售赢家比第二名做得更多、做得更好的秘诀（见图1.1）。

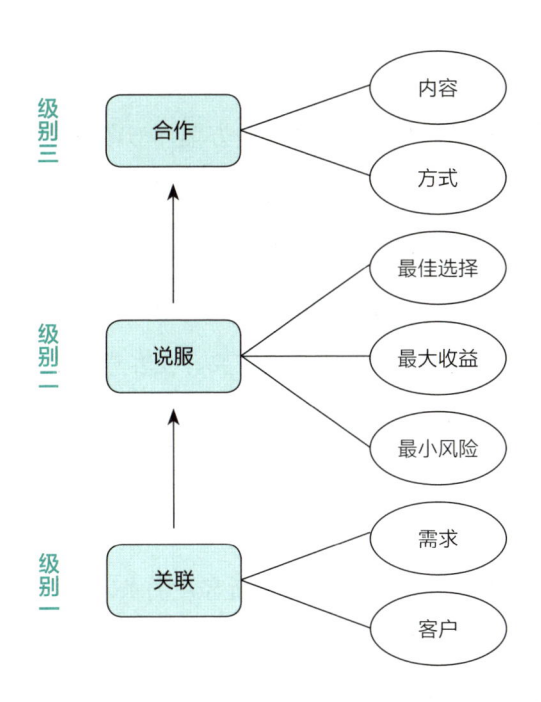

图 1.1　RAIN 模式三级别

RAIN 模式级别一：关联

销售赢家擅长关联。他们与客户联系，将客户需求和自己的解决方案相关联。这个发现有点令人惊讶，鉴于《哈佛商业评论》宣告顾问式销售已走向穷途末路，还发表了文章论述销售与关系无关，这些文章会让人们认为，销售赢家们已经抛弃了这些久经考验的销售理念，顾问式销售已经衰落。

然而事实恰恰相反，顾问式销售离衰落还远着呢。但是它已经在两个重要的方面发生了改变：

◎ 销售人员单靠顾问式销售不一定能取得成功交易。
◎ 人们需要重新思考顾问式销售在新时代的意义。

虽然人们从很多方面定义顾问式销售，但顾问式销售的核心始终是将产品、服务和销售人员的专业能力作为解决方案，与客户的痛点进行对接。这种销售模式非常注重销售人员对客户需求的"诊断"。诊断之所以必要，是因为客户并不清楚自己为何身处眼下的困境，也不知道该如何改善。通过诊断，销售人员会清楚客户的情况，就像医生清楚病人的情况一样。

如今，直接理解需求比诊断需求更重要。在客户反馈的销售赢家与第二名的区别中，"加深我对自身需求的理解"跌落到清单的底部（在42项因素中排名第40）。与其他因素相比，销售赢家在这方面投入得不多，但它仍有助于他们成功签单。

和销售赢家相比，第二名更注重诊断客户需求，但仍然无法顺利成交。在某些情形下，诊断确实很重要。如果客户想要改善现状，但不知道问题出在哪里，诊断就很有必要。但是从宏观上看，诊断已经不像过去那么重要了。

虽然销售人员不必像过去那样频繁或深入地诊断客户需求，但是理解客户的需求仍很必要，甚至举足轻重。这两个说法可能看起来差不多，但是把理解客户需求和诊断客户需求一同忽视则并不明智。

让我们来观察最能区分销售赢家和第二名的因素，"理解我的需求"排在第 5 位（见图 1.2）。事实上，在随时理解客户需求这方面，销售赢家的得分是第二名的 2.5 倍。此外，在客户反馈的"第二名应致力改善，以便顺利成交"的因素中，"理解我的需求"同样排名第 5。

理解客户需求而不是诊断客户需求

在第一轮销售会谈之后，销售人员通常会将思路和行动计划总结成文档交给客户。但是近来我们发现了相反的做法。客户向销售人员发送文件，大致说明自己对困境的理解、为什么会出现这种困境、自己的预案，以及自己对销售人员的期望。这些客户提前做好了功课，把材料交给了通过自己第一轮"筛选"的销售人员。

虽然有时客户对现实情况的理解有偏差，但客户至少经过了深思熟虑，并且目标明确。因此，销售人员不需要耗费大量时间诊断客户的需求，从而可以将精力用于倾听，与客户谈论如何开展下一步行动。虽然销售人员并没有进行诊断，但最终的提案仍体现出销售人员理解客户的类型、客户的需求，以及客户期待借助交易达成何种目标。对于客户来说，这是非常重要的决策标准，满足这点的销售人员将顺利与客户达成交易。

但这并不意味着客户需要掌握全部信息。有了互联网和其他便捷的消息渠道，客户在与销售人员打交道的过程中，明显比之前更有主动权。

正如克里斯蒂数字系统（Christie Digital System）的总裁兼首席运营官杰克·克兰（Jack Kline）所说：

> 如今，我们可以找到产品和价格的相关信息，但是随着我们的业

最能区分销售赢家和第二名的因素		第二名体现如下特质的频率	
1	教会我新的理念和视角		
2	与我合作		
3	说服我"我们会共同取得成果"		
4	倾听我的想法		
5	理解我的需求		
6	帮助我规避潜在风险		
7	提出具有说服力的解决方案		
8	准确描述交易过程		
9	与我建立联系		
10	公司的总体价值优于其他选项		
		19	倾听我的想法
		26	与我合作
		27	理解我的需求
		31	准确描述交易过程
		32	提出具有说服力的解决方案
		33	公司的总体价值优于其他选项
		38	与我建立联系
		39	帮助我规避潜在风险
		41	说服我"我们会共同取得成果"
		42	教会我新的理念和视角

销售赢家与第二名的销售技巧截然不同

图1.2　销售赢家与第二名的区别（站在客户视角）

务日益复杂化和运作速度加快，我们需要想办法持续提高产品或服务的质量。供应商每天都在自己的领域中摸爬滚打，而我们这些外行可能要3年才涉足一次。我们需要供应商的专业理念和思维，确保自己获得最大收益。我们期望从供应商那里看到所有相关因素如何相互作用，以便我们预先想象自己的业务将如何得到改善，以及如何让我们在市场上更具优势。

这就好像如今有些人生病了，他们首先会上网搜寻资料，如果有必要，他们就会去看医生。但是在看医生之前，他们已经对病情和治疗方案有了不少了解。

从渴望和痛点出发，提出具有说服力的解决方案

顾问式销售还有一个方面需要改进：不要将眼光局限于销售策略中经常用到的"问题"和"痛点"。以前，这两个词最常被用来描述潜在客户的需求，这往往导致销售人员采用"发现问题—解决问题"的方法。

如果客户并没有觉得哪里有问题（或至少没有需要马上解决的问题），解决问题型的销售人员就会发现自己无计可施：没有问题可解决，就没有东西可销售。

而销售赢家不仅关注负面（痛点），他们也注重正面（渴望）。注重正面不仅可以让销售会谈的内容更丰富，还可以增加销售的机会。这种机会要求销售人员从自身的需求出发，而不是单方面直接回应客户的需求。

渴望和痛点并重的销售人员能够直接左右客户的计划，因为他们会引导客户发现新的可能性，即便客户之前并没有意识到。的确，创造机会是级别二和级别三的核心结果，但是它起源于级别一，将侧重点从单纯关注痛点转变为痛点和渴望双管齐下。

在对客户需求表示理解的同时，销售人员需要提出具有说服力的解决方案。这是销售赢家和第二名的第七大差别，也是第二名需要改进的第三重要的因素。

建立良好关系只是交易的开始

想象一下，有个销售人员正在向你推销产品，而你发现他并不理解你的需求，也不能提出具有说服力的解决方案，那么他达成交易的希望估计非常渺茫。如果销售人员能做到"理解我的需求"和"提出具有说服力的解决方案"，说明他能够在客户需求和自己销售的产品之间建立清晰的关联。话说回来，这是顾问式销售核心思想中的一部分。但是仅仅建立关联还不足以帮助销售人员顺利成交（见图1.3）。

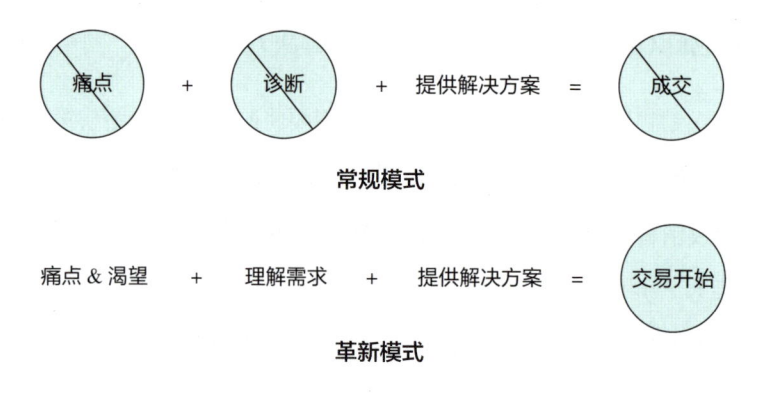

痛点 + 诊断 + 提供解决方案 = 成交

常规模式

痛点 & 渴望 + 理解需求 + 提供解决方案 = 交易开始

革新模式

图1.3 顾问式销售常规模式与革新模式对比

如果这个销售人员做到了建立关联，但你发现他不倾听你的想法，也没与你建立个人联系，这时，市场上能提供同样高质量的产品或服务的销售人员也与你建立关联，你就不太可能会和这个不善于倾听的销售人员达成交易。

虽然建立关联并与客户建立起良好关系后，销售人员可能还没最终成交，但他们已经登堂入室。如果想要顺利成交，他们还有两个级别的工作需要去做。

RAIN 模式级别二：说服

销售赢家需要在 3 个方面说服客户：

◎ 风险最小化；

◎ 收益最大化；

◎ 他就是客户的最佳选择。

这 3 个方面本身并不稀奇，但是随着研究的深入，我们发现：销售赢家比第二名在这些方面做得更好，销售赢家比第二名更能理解客户面临的风险。

在销售咨询和培训工作中，我们经常惊讶地遇到来自一些销售人员的阻力。他们强烈反对帮助客户制订计划（而更倾向于对客户的计划做出回应），反对过多影响客户，也反对使用最大限度的说服力。

但是我们的研究表明，销售赢家不但经常说服客户，而且说服过程令客户愉悦。

确实，"说服我'我们会共同取得成果'"是销售赢家与第二名的第三大差别。我们知道，在销售中运用说服手段并不新奇，只是销售赢家在这点上做得特别出色。

40 年前的营销人员并没有这么注重结果和影响，当时的销售模式仍是"介绍产品优点"。而如今，很多公司的营销都向客户承诺产品的成效（通常都很夸张），并从这点出发开展下一步的工作。虽然很多商家都承诺成效，但是客户经常反馈，他们的产品令人失望。

在拜恩公司（Bain & Company）开展的调研中，375 家公司被问到是否认为自己向客户提供了极有价值的提案，80% 的公司认为自己做到了。拜恩随后问这些公司的客户，是否从成交的公司那里获得了极有价值的提案，只有8%的客户认为提案有价值。这是另一个客户与商家间的鸿沟。

客户声称他们没有得到期望的成效或销售人员承诺的结果。他们受过去的经历影响，对销售人员及其描述的愿景心存疑虑。

风险最小化

销售人员的这些与风险相关的特质对交易决策起到重要作用：

◎ 专业；
◎ 准确描述成交过程；
◎ 值得信赖；
◎ 增强其所在公司的信心；
◎ 帮助客户规避潜在风险；
◎ 受到客户所在企业的尊重；
◎ 具备客户所需的、特定领域和行业的经验。

这些特质都能提高客户信心。换言之，它们能降低客户的风险。

收益最大化

几乎每个有经验的销售人员都曾遇到犹豫不决的客户，他们认为这样的客户简直是疯了，因为投资回报率（ROI）是如此有吸引力。

销售人员经常对我们说："这样的投资回报率稳赚不赔，他们居然视而不见！"

客户当然看到了，也理解了，但他们就是不相信这会是真的。

正如克兰告诉我们的："别人对我许下很高的承诺时，我总是心存疑虑。比如'我们将让你的信息技术成本降低20%'，他们怎么知道自己能做到？

他们怎么可能在还不了解我们内部的情况时就许下这种承诺？他们需要证明自己理解我们和我们的处境。我们需要对他们和他们的解决方案有信心。"

在这些情形下，客户通常认为达不到目标的风险太高（客户会说："这是不可能的"），或者他们认为商家本身就是一种风险（客户会说："虽然有可能获得收益，但与这样的商家合作会存在一种潜在的风险，因为……"）。

换句话说，当客户没有被说服，不相信这笔交易能够同时实现收益最大化和风险最小化，他们就会犹豫不决，交易就很可能会失败。

成为客户最佳选择

销售赢家比普通销售人员更能让客户相信，自己方案的整体价值更高。销售赢家不仅能让客户相信收益最大化、风险最小化，而且能说服客户相信自己能提供最佳方案。

如果第二名不能给客户带来这样的感受，这将是他们为了争取签单而需要改善的最重要的因素。

"整体价值更高"是影响客户购买过程的满意度、回购和推荐给他人的可能性的核心因素。事实上，"整体价值更高"是最佳选择中唯一的推动因素，在销售赢家与第二名的3个最佳选择因素对比分析中，它也是名列前茅的影响因素。

与其他选项相比，"整体价值更高"更见仁见智，但这就是重点！每个客户看重的价值不同，每笔交易的过程也不同。

当销售人员琢磨出每个客户的侧重点，并且朝着那个方向努力时，他们就有可能赢得更多。

"最佳选择"类别中的另两个因素是"产品或服务更优"和"在其他选择中脱颖而出"。销售人员亲自设计了产品吗？当然不是，但产品或服务要通过销售人员交付给客户。而且销售人员决定了如何呈现自家产品的优势。如果他们做不到这些，客户只能自己想象，那么交易结果就只能听天由命了。

当销售人员将级别二（说服）包含的 3 部分即最大化收益、最小化风险和最佳选择全部做到时，辅以级别一（关联）所打下的良好基础，他们获胜的概率就大大提高了。

RAIN 模式级别三：合作

有一点我们之前没有意识到：销售赢家比第二名做得最多的两件事情是"教会我新的理念和视角"和"与我合作"。两者乍一看好像并不相关，但事实上相辅相成。这两个因素都表明，销售人员会为交易过程增添个人价值。

为什么我们会感到意外？因为媒体大肆报道顾问式销售已经死亡，我们很难想到合作居然会在交易过程中起这么大作用。然而，这两个因素最能将销售赢家和第二名区分开来。我们可以假设顾问式销售作为基本的销售理念仍然行得通（我们确实这么认为），因为它代表了销售行业最重要的传统智慧。难道其他因素，比如理解客户需求、提出解决方案和倾听客户想法等不应该排在清单的前面？当然不应该，传授新理念和精诚合作才是真正的决定性因素。

向客户传授新理念与新视角

传授新理念指销售人员为交易带来了新的内容，通常是客户之前没有考虑到的；当客户意识到销售人员在传授新理念时，销售人员就拥有了巨大的优势。通过传授新理念，销售人员能够改变客户的认知和行动方向，这无疑具有极大的影响力。

虽然传授新理念算不上独特的优势，但也并不常见。事实上，在我们的调研中，只有 21.5% 的客户强烈认为销售赢家"教会我新的理念和视角"，只有 7.4% 的客户强烈认为第二名"教会我新的理念和视角"。因此，几乎每个销售人员在这方面都有很大的提升空间，在这方面积极努力的销售人员终将收获硕果。

在传授新理念和新视角方面，销售赢家所做的工作几乎是第二名的 3 倍。在调研的 42 项指标中，最能区分销售赢家和第二名的指标就是向客户传授新理念的能力。

还有一点值得注意，在各项指标中，有一项是销售人员是否为客户提供了有价值的观点或视角，它在清单上排名第 35，销售赢家和第二名在这方面的差距不算很大。诚然，不太新的理念也可能对客户有帮助，但它不足以让销售人员稳赢。客户希望看到惊喜并受到激励。那些不太新的理念即使行得通，对他们的影响也不会像新理念那么大。

让客户把你视为合作伙伴

销售赢家和第二名的第二大区别是"与我合作"。我们没想到这项指标能排到第二，但事实确实如此。它对销售极其重要。

一旦客户把销售人员看成团队中的重要成员，把推进交易进程看成共同的目标，那么客户同意成交的可能性以及与这位销售人员成交的可能性就大大提高了。

当客户把一位销售人员看成有着共同目标的团队成员时，这位销售人员做成的就不只是手头这单交易，回头客就是这样培养出来的。首单赢，单单赢。

这不仅是赢，还是有洞察的赢。新理念通常会在合作环节涌现，真知灼见不再停留在纸面上。头脑风暴无法靠个人完成，专业引导师通过引导大家形成观点和策略，从而赚取丰厚酬劳，这些都说明了合作的重要性。当客户把销售人员看成合作方时，他们更容易亲密合作。如果销售人员能够善加利用，这就是天赐良机。如果销售人员能够与客户合作，他们就会为交易带来巨大的价值，并让自己从众多销售人员中脱颖而出。和"教会我新的理念和视角"一样，强烈认为销售赢家能"与我合作"的客户数几乎是认为第二名能"与我合作"的客户数的 3 倍。

方便大家记住每个级别的重点，我们总结 RAIN 模式三级别（见图 1.4）。

级别一关联，过去是法宝，如今是敲门砖。如果客户认为销售人员不理解自己的需求、没有提供有效的解决方案或者客户不喜欢他，销售人员就赢不了。即使销售人员在这个级别赢了，也只是增加了获胜的筹码，后续还有更多的工作要做。

级别二说服，可以增加获胜的概率。如果销售人员不能让客户相信投资的回报可追求、风险可承受、他本人就是最佳选择，客户可能根本不会下单，或者看在打折的份上买一点点，或者直接去找别的销售人员。

级别三合作，销售人员成为智慧的源泉，以及客户成功事业的核心组成部分。做到级别三的销售人员能够为交易带来新理念，与客户合作，共同创造价值，自然而然地成为销售赢家。

现在你可能会说："好吧，这就是'洞察销售'所指的洞察。传授新理念可以给交易带来洞察，与客户合作能够激发新想法和新认知。"你说得没错。但这只是销售赢家所践行的洞察销售理念的表层知识。

信息爆炸时代，提供洞察力就是提供价值

现在我们把注意力切换回客户身上。虽然今天的客户在购买前了解了更多信息，但是他们仍然面临着与过去几十年同样的基本难题。他们仍然必须：

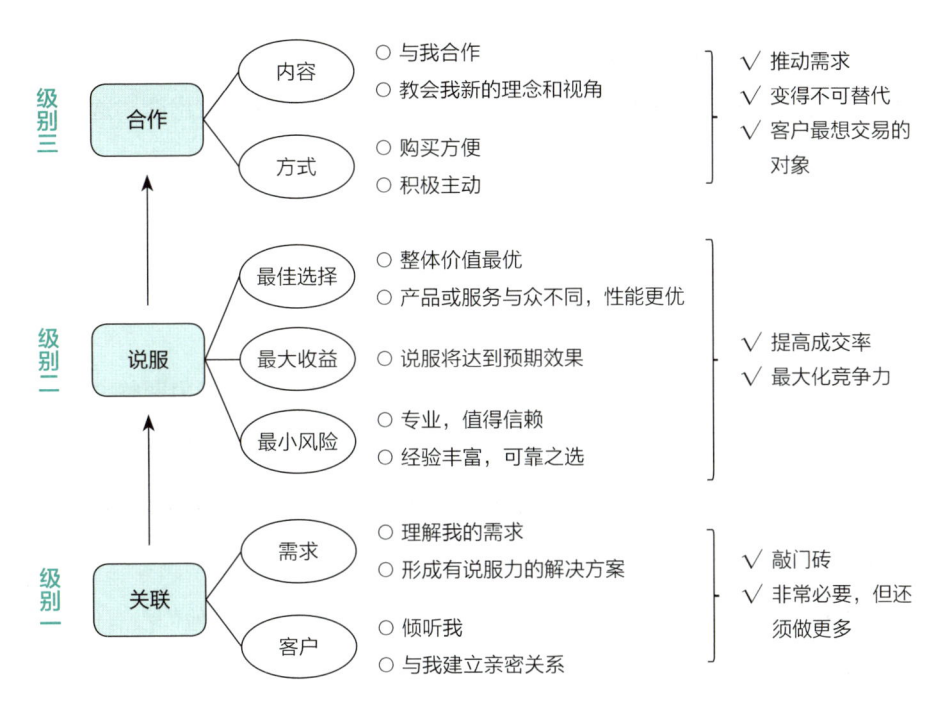

图1.4 RAIN模式三级别的组成部分

级别三 合作
- 内容
  - ○ 与我合作
  - ○ 教会我新的理念和视角
- 方式
  - ○ 购买方便
  - ○ 积极主动

√ 推动需求
√ 变得不可替代
√ 客户最想交易的对象

级别二 说服
- 最佳选择
  - ○ 整体价值最优
  - ○ 产品或服务与众不同，性能更优
- 最大收益
  - ○ 说服将达到预期效果
- 最小风险
  - ○ 专业，值得信赖
  - ○ 经验丰富，可靠之选

√ 提高成交率
√ 最大化竞争力

级别一 关联
- 需求
  - ○ 理解我的需求
  - ○ 形成有说服力的解决方案
- 客户
  - ○ 倾听我
  - ○ 与我建立亲密关系

√ 敲门砖
√ 非常必要，但还须做更多

◎ 找到新方法改进自己的业务，并进行创新；

◎ 找到正确的行动方案；

◎ 选择合适的合作伙伴；

◎ 争取多成功，少失败。

你可能认为，人们现在有了更多信息和选择，他们会变得更加有决断力，并能做出更好的选择。然而事实并非如此。

巴里·施瓦茨（Barry Schwartz）在《选择的悖论》（*The Paradox of Choice*）中的核心观点是，更多的选择和信息让我们更难做出选择，我们并没有变成更好的决策者；更多的选择和信息也没有让我们变得更快乐。虽然施瓦茨的这些发现主要是针对消费者，但它们在商业决策方面同样适用。

我们知道，互联网让客户有了更多的选择和信息，但这些信息通常很夸张：它们都承诺自己的效果惊人、投资回报率超高、整体价值出众。这些信息通常不完整、不准确，相互冲突，很难甄别。

与此同时，CEB 市场领导力委员会（CEB Marketing Leadership Council）的数据显示，57% 的客户在与销售人员正式沟通前就已决定成交，这似乎表明客户把销售人员从成交过程中排除了。

但这其实只表明客户在改进自己的业务。他们想自己先努力调整，弄清楚自己想做什么，追求何种结果，有哪些做法可以帮助自己达到目的。他们在与外界沟通之前，会先评估自己的状况。这种逻辑在我们看来是没问题的。然而，他们前所未有地亟须外界的帮助。

虽然客户掌握了更多信息，但他们不一定具备相关知识。他们没有信心，他们亟须洞察力。他们不仅有客观需要，也有主观诉求。

一个更有用的问题是，客户什么时候想与销售人员沟通？信息技术服务营销协会（ITSMA）和《首席财务官》（CFO）杂志就这个问题采访了 270 位技术客户。事实上，70% 的客户在最终决定向谁购买前愿意与销售代表沟通（见图 1.5）。更令人惊叹的是，47% 的客户在寻找合适对策和采取行动前想与销售人员沟通。

21.5% 的销售赢家和 7.4% 的第二名很擅长传授新理念和新视角，如果这个数字可以提高，那么可能会有更多的客户愿意在前期与销售人员沟通。弗雷斯特研究公司（Forrester Research）在一项调研中问客户："你们与销售人员的会谈是否有价值？是否达到了你们的期望？"只有 39% 的客户给出了肯定回答。大部分客户发现销售人员并没有提供价值。

客户越是将销售人员看成洞察的源泉，他们对销售人员就越有信心；客户越是将销售人员看成洞察的源泉，他们就会越早让销售人员介入交易的进程，销售人员越早介入交易的进程，就越可能赢得交易。

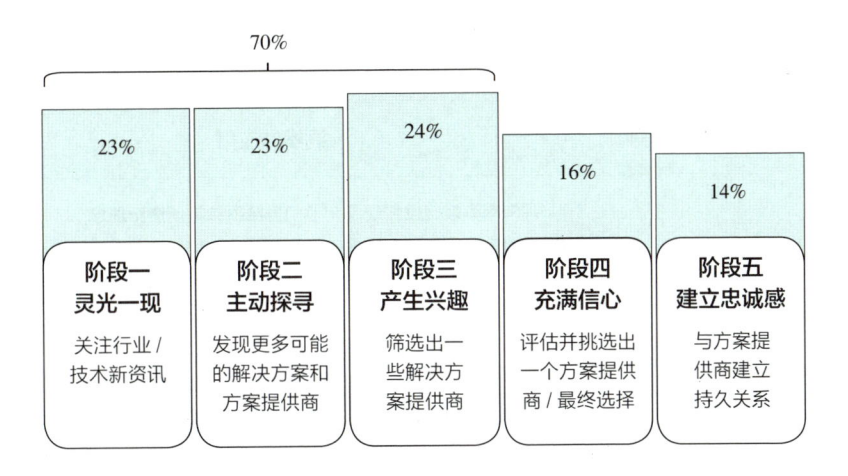

图1.5 客户发现销售过程最有价值阶段占比

阶段一 灵光一现 23% — 关注行业/技术新资讯
阶段二 主动探寻 23% — 发现更多可能的解决方案和方案提供商
阶段三 产生兴趣 24% — 筛选出一些解决方案提供商
阶段四 充满信心 16% — 评估并挑选出一个方案提供商/最终选择
阶段五 建立忠诚感 14% — 与方案提供商建立持久关系

（前三阶段合计70%）

来源：ITSMA，2012年"B2B客户消费方式的信息研究"。

客户想与销售人员沟通，前提是销售人员能够为交易带来价值。如今，这种价值越来越以洞察的形式呈现。对于那些愿意且能够提供洞察的销售人员，这是一个巨大的机会。

洞察贯穿始终，与客户朝共同的目标前行

洞察中最突出的因素是"教会我新的理念和视角"。我们将"教会我新的理念和视角"列在级别三下面，但这只是销售人员为交易带来价值的一种方式。洞察适用RAIN模式三级别，它是贯穿整个销售过程的灵魂（见表1.1）。

洞察贯穿了RAIN模式三级别，正如我们在本章前面提到的，这三个级别也是相互联系、相互促进的。

例如，当销售人员与客户合作时，他们会为客户带来新理念，与客户朝着互惠互利的目标一起前进。这么做将：

表 1.1 销售人员在 RAIN 模式三级别中应用洞察

RAIN 模式三级别		洞察的应用
级别三 合作	内容	◎ 客户希望被传授新理念，他们也希望参与创造新理念 ◎ 你的想法就是你为交易带来的洞察。如果你能向客户传达洞察，让客户成为洞察的共同创造者，你的个人价值就会超过你所销售的产品或服务
	方式	◎ 客户希望取得成果，找到成功的路径。而单靠产品他们做不到这一点，客户需要帮手，引导他们看到未来的可能性，并且与他们合作，让理念变成现实 ◎ 如果你积极主动、有责任心，能保证交易过程顺畅、合作起来愉快，他们就会寻求你的洞察，并且与你沟通。如果你做不到这些，他们就不会与你沟通
级别二 说服	最佳选择	◎ 客户需要在众多选项中做出选择 ◎ 你在整个交易过程中展现的洞察会帮助他们做出合理选择。在这方面，你作为销售人员为交易带来了价值，这会让你成为客户心中的最佳选择
	最大收益	◎ 客户在交易时需要考虑投资回报率，但他们通常没有充分考虑过这一点、不知道怎么考虑或者考虑得不全面 ◎ 你对这笔交易的洞察能帮助他们做出最有利于业务发展的选择
	最小风险	◎ 客户追求投资回报率，但在决策时会更多地考虑失败的风险而不是投资回报 ◎ 你对于风险的理解，以及如何规避风险的建议（包括建立信任）将让客户对你所销售的产品或服务充满信心
级别一 关联	需求	◎ 在无边的信息海洋中，客户希望你帮助他们指明正确的方向，做出正确的选择，采取合适的举措 ◎ 当你不断提出新的洞察和解决方案，客户对你的信任就会随之增长。他们会在你的洞察的指引下，在整个购买周期中做出正确的选择
	客户	◎ 客户非常愿意从他们喜欢和信任的人那里获得建议，听取不同的想法 ◎ 客户接受你的洞察，你能发现客户的渴望和痛点

- ◎ 帮助客户做出最佳选择（关联：需求）；
- ◎ 增强和客户的关系（关联：客户）；
- ◎ 建立信任（说服：最小风险）；
- ◎ 有益于投资回报率和风险控制（说服：最大收益和最小风险）；
- ◎ 让你从众多销售人员中脱颖而出（说服：最佳选择）。

很明显，销售赢家与第二名的销售方式有着天壤之别，销售人员为交易带来的洞察是成交的关键。然而，还有一个问题：销售人员或公司应如何实施洞察销售？这个问题的答案就在本书后面的章节中。

绝对成交笔记
INSIGHT SELLING

▎核心内容

销售赢家与第二名的销售方式有着天壤之别。销售赢家和第二名之间的最大区别在于，前者能为客户提供富有价值的洞察。

▎关键回顾

销售赢家能展现出一系列特定的行为，并且收获了成效，而第二名没有做到这些。

顾问式销售的理念仍是必要的，但只靠它们不足以赢得销售。它们需要进化。

关联、说服和合作。销售赢家在这些方面比第二名做得更多更好。

销售赢家联系客户，将客户需要和解决方案相关联。如果你做到了这些，客户就会接受你，并与你一起创造更多新理念，他们对你的信心也会增长。

销售赢家会说服客户相信三件事情：投资回报率值得追求、风险可以承受、他本人是最佳选择。当你做到了这些时，你的洞察将帮助客户做出最有利于业务发展的选择。

销售赢家善于合作，他们与客户沟通，传授新理念和新视角。如果你做到了这些，客户将寻求你的洞察并与你沟通，你个人也将成为价值的源泉，比你销售的产品或服务更有价值。

第 2 章 为什么洞察销售将开启全新销售革命？

早在 1970 年，诸如麦克·哈南（Mack Hanan）的《顾问式销售》（*Consultative Selling*）等作品开始流行。

它们注重宣扬产品或服务如何改善客户的经济状况：少介绍产品功能，多介绍产品的好处；少盲目推销，多在客户需要与产品或服务之间建立关联。

时至今日，随着产品或服务的商品化程度日益加深，客户的选择日益增多，在很多情况下，产品或服务的价值反而降低了。这并不是因为产品或服务的质量变差了，而是因为客户可选择的范围变大了。换句话说，这些产品或服务是可替代的。

产品和服务可替代，但洞察不可替代

然而，有这么一群新的销售人员正在改变销售行业。他们的作用不可替代，因为他们能为交易带来价值，而这种价值就是洞察。洞察将开启新的销售革命。

在过去，价值通常来自产品或服务。销售人员的职责就是兢兢业业地描

述他们销售的东西。但现在，客户将产品或服务视为可替代的商品，在这种情况下，销售人员成了价值的载体。这是一个巨大的转变。

沃尔夫公司（Wolf & Company）是一家区域性的大型会计和咨询公司，也是RAIN集团的忠实客户。他们有个客户是一家制造公司的首席财务官，我们有次与这位首席财务官交谈，询问她为什么一直与沃尔夫公司合作。

她告诉我们："每次与我们的合作伙伴玛格丽交谈，都使我受益匪浅。我们不仅谈论会计和审计，还讨论商业战略、人事管理，以及如何改善公司财务状况。她了解我们的公司、我们的行业，除了给我们提供有效的会计服务，她总是会为我们带来不一样的价值。坦白讲，我们从哪家公司都可以得到那些基本的会计服务。"

你可能会说："我们的客户也是这样评价我们的！"也许他们确实给出了这样的评价。

问题在于，你公司的销售人员在销售过程中表现得是否出色，以至于客户在与你们合作之前就能给出这样的评价？服务、金融、咨询、技术和制造业等行业的销售人员，无不吹嘘自己的售后服务多么有价值，但是这种价值并不总是能在销售过程中得到体现。具有讽刺意味的是，在服务行业，即使销售人员亲自提供服务，他们也做不到这一点。如果他们能做到这一点，效果将非常惊人。

案例分享
INSIGHT SELLING

4家资质一样的公司，客户如何选？

一位来自市值几十亿美元的公司的客户分享一个故事：在将产品和服务外包给一家技术公司12年后，我们最终决定把合同拿出来投标，看看我们是否能做得更好。有几家公司十分可笑，给我们寄了几本白皮书，以为这就会让我们信服。结果 4 家公司都有做好这项工作的基本资质，虽然它们之间有细微的差别，但就核心工作而言，它们应该不分上下。每家公司都告诉我们，与它们的团队合作多有价值。它们带来洞察力，使我们学到新理念，将推动我们对自己的策略和目标进行批判性思考和换位思考，帮助我们做出最佳商业决策。

但是有家公司在与我们沟通的过程中，表现得好像是我们团队的一分子。它们的推销过程给交易带来了真实、有趣、新奇的想法。我们想如果这就是它们的销售方式，那么我们成交之后也会获益。所以我们最后选择了这家公司。

这种故事在各行业越来越多地上演。当客户在众多类似产品或服务中无从选择时，洞察就会引领他们的行动，上述就是个绝佳范例。

主动创造机会的销售人员本身就是价值所在

客户声称众多产品或服务千篇一律，但当我们问这些公司和销售总监："你们最大的业绩增长机会是什么？"他们都回答，有些产品他们的客户应该买，但客户没有买，因为客户不了解这些产品。他们说如果销售人员能够积极主动地推销新理念、新产品和新服务，而不是被动销售（也就是等着客户提要求），公司业绩会有巨大的增长。

2013 年，我们询问几百位销售人员对下面这句话的认同情况：

客户应该从我这里购买一些东西，但他们目前没有考虑购买，因为他们对我能带来的改变一无所知。

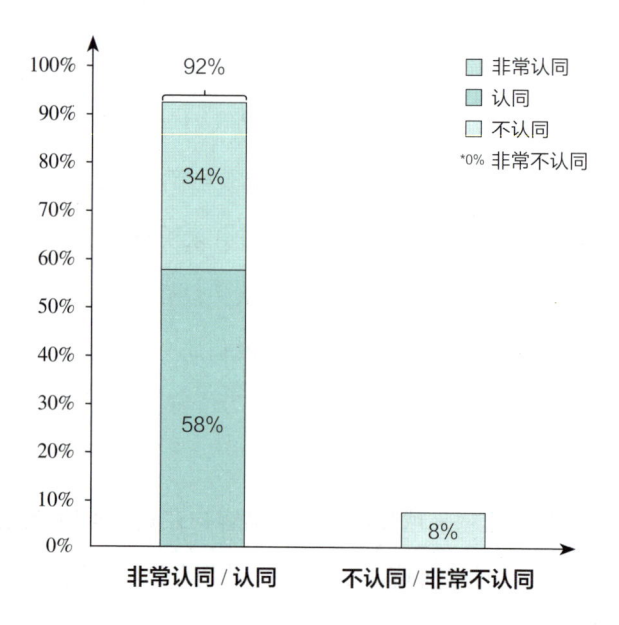

图 2.1 显示了 92% 的销售人员对此表示认同或强烈认同。

```
100%         92%
                              ■ 非常认同
 90%
                              ■ 认同
 80%
            34%               □ 不认同
 70%
                              *0% 非常不认同
 60%
 50%
 40%
 30%
            58%
 20%
 10%                    8%
  0%
       非常认同/认同    不认同/非常不认同
```

图 2.1　客户对销售带来的改变一无所知占比

大多数销售人员都有机会让客户买得比他们预想的多。销售人员销售出更多东西不只是为了自己，他们真心相信客户会因此受益。当我们问："如果你是客户，你会从你自己那里购买这个（泛指任何东西）吗？""当然会，这将大大改善我的经营状况。"我们随后问："如果客户像你这样了解情况，他们一定会积极购买吗？"他们的回答通常都是肯定的。

这个情况说明问题在于沟通。这是销售人员普遍面临的问题，而销售赢家们正在解决它。

我们在各个行业都能看到因为沟通不当造成的问题：银行的客户拥有公司支票和储蓄账户，但并没有购买保险、办理投资或借贷业务；技术公司也只关注一小部分的销售业务，虽然销售咨询和提供服务的机会俯拾皆是，他们却没有拓展已有客户的业务范围；各种专业服务提供商也声称自己最大的机会在于挖掘现有客户的需求，但总是无从下手。

客户没有购买额外的产品或服务，主要原因在于销售人员没有采取行动去创造销售机会，比如向客户传授产品理念，用新的可能性激励客户，主动激发客户的需求。

这看起来像个悖论。虽然客户知道可以从很多商家那里购买产品或服务，但他们对大部分公司的产品或服务了解得并不全面（或不知道应该关注哪些方面）。而这些不为人知的方面就是商家的核心竞争力，它们属于公司的创新产品和服务，市场竞争较少。虽然客户还没有购买这些独特的产品和服务，但是他们应该购买，这将让他们获得良好的收益。

想利用好这个机会，销售人员必须采用 RAIN 模式级别二和级别三，即说服与合作。事实上，销售人员如果不能说服客户（级别二）采取目前还没想过的行动，那么他们就无法激发客户的需求。没有积极的行动（级别三），他们什么都销售不了。他们必须采取主动，否则谈话永远不会开始。他们无法激励客户换种角度思考，除非能向客户传授新理念和新视角（级别三）。

好好想想，如果客户不下单，产品或服务的价值就无法体现。决定权在销售人员手中，他们可以向客户传递产品的价值，为客户提供受益的机会。所以，不仅最终脱颖而出的产品和服务具有价值，而且销售人员本身就是价值所在，他们能够启动交易会谈，善于引导客户。

如果产品有新意、与众不同，或至少是不常见，而客户因为不了解而没有购买，此时产品和销售人员就会变成不可分割的整体：两者都有价值。

如果销售人员积极向客户传授新理念并激励客户，客户能够感受到销售人员在与自己合作，而不是例行完成任务，客户就会接受销售人员的提议。即使他们之前都没考虑过这个提议，它也会成为客户计划中的重要部分。推动客户需求和积极推进销售进程很关键。谨记，如果销售人员像众多平庸之辈一样止步于 RAIN 模式级别一，这笔交易将永远不可能成交。

事实上，有两个互相矛盾的现象值得我们关注：

◎ 对于众多的产品或服务，客户觉察不出它们的差别。
◎ 销售人员了解产品或服务各有差异，但是客户因为不了解或了解不够，本该购买而没有购买。

而销售赢家能通过洞察综合处理上述两个现象。

2 种形式重塑认知，进而影响客户选择

那么，洞察销售究竟是什么？

洞察销售是通过有价值的观点创造和赢得销售机会，推动客户做出改变的过程。 洞察销售有两种表现形式（见表 2.1）。

表 2.1　互动洞察和机会洞察

项目	互动洞察	机会洞察
注重点	通过与客户的销售会谈创造洞察、提供价值	将客户可能不了解的特定想法或策略介绍给客户
应用时机	推动客户需求以创造新机会时；客户就现有需求向你求助时	当你需要引导客户考虑特定策略或行动方案时
结果	被客户视为洞察的源泉，从众多销售人员中脱颖而出（在客户觉得产品或服务千篇一律时，互动洞察将发挥关键作用），帮助客户做出更好的决策，增进与客户的关系	让你左右逢源，创造机会让客户一买再买
价值	每次与客户交谈，客户都觉得受益匪浅	介绍新理念帮助客户成功，为客户增加价值

一种是**互动洞察**（Interaction Insight），顾名思义，它强调销售人员要在与客户的沟通中，通过思想碰撞和策略讨论的方式提供价值。

本章前面提到的故事就是互动洞察的范例。虽然客户可以从其他很多地方购买产品或服务，但销售人员利用了互动洞察。客户将销售人员以及他们的执行力、供货和服务团队视为洞察的源泉。在这点上，销售人员的价值在于与客户的互动。

然而，当我们与他人谈论洞察销售时，我们的谈话通常侧重于如何让客户购买他们预期之外的产品。

这就需要引入洞察销售的另一种形式：**机会洞察**（Opportunity Insight）。机会洞察注重销售某个特定的想法，通常以新策略的形式出现，引导客户购买特定的产品或服务。

洞察销售的两种形式都基于认知重塑（Cognitive Reframing）的概念。认知重塑指创造看待观点、事件、情况、策略和行动可能性的新方式。换句话说，用有价值的观点推动改变。

通过改变客户对于正确性和可能性的认知，销售人员可以影响客户的行动方向，进而影响客户的选择，这就是洞察销售的价值所在。

我们前面提到的那家会计公司，和很多其他会计公司一样，主要的业绩来源是税收服务和审计服务，但它还提供技术和咨询服务，能够让客户的业绩发生翻天覆地的变化。他们的产品将客户的运营成本降低至技术和服务成本的 1/10 以下。

再次强调，客户并非一定要购买这些产品或服务，它们并非税务和审计那般不可或缺。但客户还是想买，他们之前没买是因为销售人员没有告诉他们。销售人员想要运用机会洞察，必须先向客户介绍想法，然后鼓励他们去将想法变成现实。

机会洞察和互动洞察可以相互促进。客户越将销售人员看作洞察的源泉

31

（互动洞察），他们就越会倾听销售人员的建议并信任他们。他们越信任销售人员，越注重相互沟通，就越可能接受销售人员的建议，销售人员利用机会洞察取得成功的可能性就越大。

我们询问客户："你是怎么想到做这笔生意的？"只有13.9%的客户说："是销售人员主动告诉我的。"

我们也研究了客户对目前服务供应商的忠诚度，以及他们是否考虑更换新的供应商。当销售人员主动告诉客户新的购买机会时，客户的忠诚度提升了3倍。机会洞察能够培养客户的忠诚感。

从根本上转变思路，让业绩一飞冲天

了解销售行业发展历史的人都知道，"销售"前面曾有很多前缀。几十年前人们就曾把"洞察"放在"销售"前面，我们不是首创。和顾问式销售、公司销售、信任销售、方案销售、关系销售等一样，洞察销售只是个描述性的名词，指的是在销售过程中运用洞察力和专业理念。重要的是，洞察销售这个理念的重要性和影响力一直在增长。

100多年来，管理咨询公司的销售方式一直是创造、交流和激发想法，从而制造和赢得销售机会。说到底，基本的管理咨询服务并不是客户必须购买的选项。客户购买的是咨询过程中被创造出来的愿景，他们购买的是具体的想法，以及与卓越之士的沟通过程。具有讽刺意味的是，为了定义"洞察销售"，我们将管理咨询公司用作了例子。

"顾问式销售"是不是最适合解释销售顾问如何推销咨询服务？如果你对顾问式销售的理解和其他人一样，我们会说：你错了。

40年前，顾问式销售的理念还相对较新，它通常被用来对比当时的传统销售方式，即推销并极力促成交易（完全不顾客户的立场、目标、现状和需求）。

而顾问式销售应该：多多提问，了解问题的症结，把客户需求放在第一位，定制解决方案，最终对客户的业绩产生积极影响。

然而随着时间的推移，顾问式销售和它的近亲（解决方案销售）一样，被视为一种不推销、不说服、无观点、包含大量提问和诊断以及没完没了的倾听的销售方式。

我们并不认为询问、倾听和了解客户是没有必要的，相反，这些都是成功销售的必要组成部分。但是，方式再好也不能滥用。现实情况是，如今很多人将顾问式销售与没完没了的询问和不作为画上了等号。

不幸的是，对很多咨询公司来说，采用这种方式会使其业绩受损。举个例子。我们合作的一家全球咨询公司提供的咨询服务非常专业且有针对性：降低医院和大学等机构的间接成本。为了做好工作，这家咨询公司的研究团队掌握了300多家机构管理其间接成本的独家资料。对一家医院而言，间接成本包括不动产、人员管理、设施管理、电话系统、技术费用和其他费用。

这家公司开发出一整套精细的方法，首先分析情况，然后帮助客户降低了200多项间接成本。通过应用这套方法，他们能在不降低客户的营业量和服务质量的前提下，将客户的管理成本平均降低7%~10%。

现在，我们来算算：一家价值20亿美元的医院的间接成本可能是10%，即2亿美元。如果它从这家咨询公司购买服务，每年可以为自己节省1 400万～2 000万美元。而且购买服务后每年节省下来的费用还会更多。

这项咨询服务的平均价格是200万～300万美元，年均服务费是25万美元。假设这家咨询公司每年能帮客户节省1 500万美元，结果见表2.2。这就像你到银行，递给柜台出纳4美元，然后拿回45美元。很好理解，是不是？

这家公司的客户显然也这么认为，多年来他们一直购买前者的服务。但有意思的是，起初这项服务的销路并不好，当时销售人员按照"顾问式销售"的培训模式，准备了大量"有待发现"的问题询问客户。

表 2.2 购买咨询服务回报率

咨询服务的费用	节省下来的费用	3 年投资回报率
400 万美元	每年节省：1 500 万美元 3 年总计节省：4 500 万美元	1 125%

后来，在一次销售会谈中，销售人员提供了一份执行简报，说明了这项咨询服务的内容和作用。这种做法激励客户去寻求新可能，引导他们考虑之前从没想过购买的服务，这项咨询服务的销路立刻被打开了。

秉承传统顾问式销售的销售人员一开场就会问很多问题，客户会变得沮丧，销售会谈会不了了之。一般来说，在销售演讲结束后，客户会展开热烈的讨论，销售人员会问一些比较敏感的问题，但是如果问得过多，销售会谈将毫无进展。正如这家公司的一位客户告诉我们的："这种会谈不值得我花时间。""值得"是这句话的核心。值得＝价值。

客户在沟通时没看到价值＋销售人员没抓住展现自身价值的机会＝没有二次会谈。

这些销售人员的销售思路有误。他们把顾问式销售和提问、诊断以及含糊地回应画上了等号。而他们如果能转变销售思路，改变会谈方式，销售业绩就会一飞冲天。

归根结底，只有从根本上转变思路才能增加销量。很多销售人员已经因此受益，而那些还没有转变思路的销售人员仍须努力。

销售人员是改变的使者，打开通往新世界的大门

销售人员、专业人士和领导者喜欢用顾问式销售和解决方案销售来描述

自己的销售理念，原因之一在于这两种销售方式体现了以客户为中心的态度。

有个客户在寻找合适的顾问式销售未果后向我们求助，让我们提供培训。培训结束后，她告诉我们："如果不小心让客户看到我们之前的培训资料，结果肯定很糟糕。如果看到我们受训来对付他们而不是与之合作，他们就再也不会信任我们了。但如果他们拿到现在这套资料，肯定会对我们高度评价。因为这次培训关注客户，关注客户的成功，以及如何与客户精诚合作，共创成功。"

在一次现场培训会之前，客户向受众介绍我们的培训师时，说这是一次顾问式销售培训。这场培训会上的许多销售人员都接受过大量培训，其中一位问："所以这是一种提问为中心的方法，是不是？"

我们的培训师回答："提问当然很重要，但如果你把提问作为这种方法的核心特质，你就忽略了合作的力量。你注重的只是行动，而不是结果。RAIN 模式的核心特质是结果导向，而这个结果就是让客户做出改变。"

区别的核心在于心态的不同，销售人员可以成为改变的使者，或只是做一个发问者。

当销售人员把自己看成改变的使者、新思想和新见解的传播者并且影响其他人时，他们就打开了一扇通往全新世界的大门。简单来说，改变的使者善于推销理念以及把理念变成现实。

绝对成交笔记
INSIGHT SELLING

▍核心内容

销售人员本身就是价值所在。用新理念武装过自己的销售人员不可取代，因为他们能为交易带来价值，他们带来的价值就是洞察销售。

洞察销售是通过有价值的观点创造和赢得销售机会，推动客户做出改变的过程。

▍关键回顾

洞察销售有两种表现形式：互动洞察和机会洞察。

互动洞察强调销售人员要在与客户的沟通中，通过思想碰撞和策略讨论的方式提供价值。

机会洞察注重销售某个特定的想法，通常以新策略的形式出现，引导客户购买特定的产品或服务。

改变客户对于真实性和可能性的认知（认知重塑），销售人员就能影响客户的行动方向，因为这关系到他们的成功。

如果你能推动客户的需求，你就有更多销售的机会（而不是依赖客户的诉求）。为了做到这一点，你必须实践 RAIN 模式级别二和级别三——说服和合作。

客户在沟通时没有看到价值，销售人员没抓住展现自身价值的机会，销售人员没有再次会谈机会。

转变心态，销售人员不只是提问者，更是改变的使者。改变的使者善于把销售理念变成现实。

第 3 章 价值定位：让客户从你手中得到最想要的东西

> 判断一个销售人员的话是否值得倾听，对我来说很简单。你是否能清楚无误地表达交易的价值定位，告诉我们提升公司价值的关键所在？你是否表现出影响力？是否了解我们的运营环境？是否意识到竞争的激烈？这需要分析，更需要以简洁的方式将你的分析与我们的价值定位相关联。如果你做到这些，我就会倾听。
>
> ——戴维·立西（David Lissy）
> Bright Horizons 首席执行官

询问100家公司的销售人员，为什么客户想与他们签单，你听到的100个回答里可能暗含着同样的核心主题，那就是，"我们为客户提供了价值"。

销售人员会用很多方式描述自己的价值：我们会取得成效，我们的关系非常亲密，客户会从我们手中得到他们一直想要的东西（其他公司无法提供），我们为交易提供了全新的解决方案等。

你可能会说："好吧，这很明显，不是吗？价值最大化——没问题。"但在实际情况中，销售赢家比第二名更能让客户感受到最大价值。

实际上，在最佳选择中，"整体价值最优"对客户来说是最重要的。与此同时，产品或服务优势只是有时很重要。对于有洞察力的销售人员而言，理解"价值"和"价值定位"这些名词的含义十分关键，尽管它们经常被滥用。

为什么只有你能给客户带来更多价值？

根据我们的经验，人们对"价值"的理解很混乱，也许是因为我们经常看到的那些定义对我们的帮助不大。以"价值定位"为例，我们经常看到有人把它和"电梯推销"画等号。电梯推销也称为电梯法则，是指用极具吸引力的方式简明扼要地阐述自己的观点。

价值定位是什么意思？

一条商业或营销宣言，总结了消费者为什么应该购买某种产品或服务。这条宣言应该能够说服潜在客户，与其他提案相比，某个特定的产品或服务能够给他们带来的好处。

投资百科解释价值定位

客户购买产品或使用服务理由总和的市场宣言就是其真正含义。这个宣言要能够影响其他潜在客户认识到你的产品比其他同类产品能够带来更多的价值，或者能够更好地解决他们的问题。

无疑，能用激动人心的话语介绍公司是件好事，但是销售人员如果止步于完善电梯推销，而不去挖掘自身价值，他们肯定会错失良机。电梯推销的成功概率并不高，客户不会只因为精彩的推销就决定成交。他们决定成交的理由千差万别，因人而异。

高效的战略客户管理：内部评估与创新合作

在《高效的战略客户管理基准报告》(Benchmark Report on High Performance in Strategic Account Management) 中，RAIN 集团搜集并分析了 373 名来自正式战略客户管理公司的受访者的数据。分析的目的在于找到高效能的公司与其他公司的做法有何不同。

研究发现，在很大程度上，高效能的公司更善于开展两种注重价值的会谈。首先，它们更擅长通过内部流程来评估它们可以为客户带来哪些额外价值（见图 3.1）。

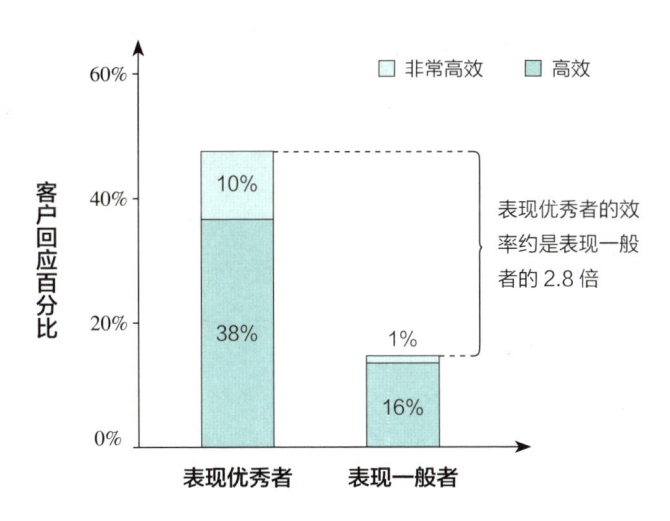

图 3.1 评估为战略客户带来额外价值效率

其次，高效能的公司更加擅长与客户合作，以创新的方式共同创造价值（见图 3.2）。

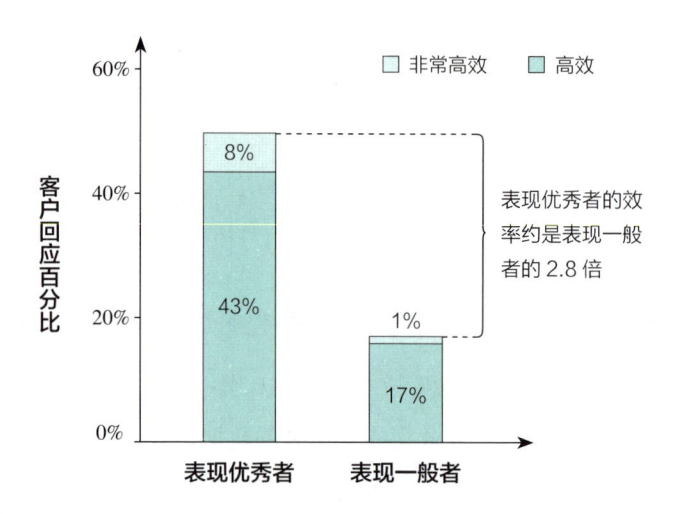

图 3.2　以创新的方式与战略客户共同创造价值效率

在第 6 章中，我们将探讨 RAIN 集团的行动框架路线，销售人员可以利用它成功开展销售会谈。

让我们先来看看客户在成交过程中对价值和价值定位的直观感受。

◎ 价值是物品的货币表现，即某人是否愿意购买某物以及愿意花费多少钱购买。

◎ 客户在交易过程中如果觉得某物有价值，可能会说："在销售人员告诉我之前，我并不知道它的价值，而我现在认为它能带来理想的回报，让我们成交吧。"

◎ 客户在成交后很可能会说："这笔交易会让我们在接下来的 2 年里净赚 1 000 万美元，这就是我愿意和你成交的原因。"

◎ 价值定位指客户愿意成交的一系列原因，即影响客户是否购买以及向谁购买的因素。

◎ 客户一般会这么解释自己购买的原因："我购买这个产品基于以下

7个原因。如果你现在看看潜在商家对比图就会明白，我之所以从这家公司购买，是因为它们有 5 项比较优势。"

一旦销售人员不再把价值定位看作一种宣言，而是客户购买的原因，他们就会在工作中开拓新的局面。把价值定位看作客户愿意成交的一系列原因，将使销售人员的工作更加高效。

"3 点定天下"价值定位图

客户愿意成交的一系列原因通常可以归纳为 3 类，我们称它们为"3 点定天下"，它们共同构成了价值定位（见图 3.3）：

强有力的价值定位的组成部分

认同	+	差异化	+	强化实力
"我有需要" "我有需求"		"最佳选择"		"我信任" "我相信"

为……创造基础
- 拿到更多的销售线索
- 拿下满意的新客户
- 高价签下合同
- 扰乱竞争对手

撤除一个

没有认同	难以替代	能强化实力
强烈认同	容易替代	能强化实力
强烈认同	难以替代	无法强化实力

客户将会说
- "我不需要。" "没有那么重要。"
- "价格底线是多少？" "缺了你也行啊！"
- "我还是有疑问。" "不能冒险。"

图 3.3 "3 点定天下"价值定位图

◎ 潜在客户对你的产品有需求。你要认同这一点。

◎ 潜在客户想知道你为何能在同类供应商中脱颖而出。你要进一步凸显差异化。

◎ 潜在客户相信你能够兑现承诺。你需要强化实力。

正如你在图 3.3 中看到的，去掉价值定位中的任何一个要素，销售过程都会困难重重：

◎ 如果没有认同，客户就会失去兴趣，也就不会购买。

◎ 如果没有差异化，客户就会在价格上纠缠，或到你的竞争对手那里寻找更低的价格。

◎ 如果没有能够证明自己兑现承诺的实力，就算客户想与你合作（获得认同），也了解到你与众不同的差异化（凸显差异化），他们还是会有疑心，不相信你的产品真像你说的那么神奇，也不愿意承担与你合作的风险。

我们的研究中最重要的发现之一，就是客户认为，洞察型销售人员会为其销售的产品或服务增加额外价值。

销售人员不只是用价值定位进行营销，他们本身就是价值所在，成为价值定位的重要组成部分。

客户很容易找到类似的产品或服务，销售人员自身必须与众不同。拥有选择权的客户知道自己需要做出选择，他们需要甄别、决策和投资，选择最合适的合作伙伴。

在客户的决策过程中，销售人员提供的洞察对他们的影响将会越来越大。销售人员告知客户可利用的新战略（机会洞察），通过与客户的沟通（互动洞察）帮助客户更好地决策。在这两种情况下，客户对销售人员提供的价值都会非常重视。

理性认同与感性认同

认同（Resonate）的定义是"产生和谐的声音""有重要性"或"产生情感关联"。

虽然字典编纂者在释义时想的并不是销售，但这些定义完全适用于销售行业。销售人员发声（交易会谈），目的是构建和谐的关系（与客户建立关联）。建立关联的方式对销售人员来说很重要，无论是用理性的方式（如强调投资回报和其他具体的成效），还是用感性的方式。

有洞察力的销售人员能够激发客户的认同，因为他们能为交易会谈带来重要的理念和机会，他们能通过沟通增进与客户的关系，让客户觉得时刻都有必要向他们咨询。

认同分为两种：理性认同和感性认同。销售人员在销售过程中应该牢记它们。

理性认同指由于财务或其他可量化的方面的影响，客户认为自己需要解决某个问题或达到某个目标。比如一个决策者可能会说："我们银行去年流失了100名职员，重置费用花费10万美元，人均生产率也下降了。换句话说，我们去年损失了1 000万美元，而这笔损失本来可以避免。"

如果这位决策者碰到了一位销售人员，而后者这样说："我们曾帮助金融服务行业的客户减少了不必要的人员流动，一年之内流动率降低了20%，我们同样可以帮助您达到这个目标。"这句话可能会引起决策者的理性认同。简单计算一下，客户就会知道这相当于挽留20个辞职者，帮助公司节省了200万美元。

感性认同是客户对于某个具体问题、具体解决方案或特定公司的综合情感。

很多年前，我（迈克）在一家刚打算上市的公司就职。出于好奇心，我问公司的首席财务官为什么选择那家 5 强公司（当时是 5 强）来帮助我们做上市准备。

他说："来我的办公室，我会告诉你。"他在办公室中仔细给我讲解了那家公司为总裁和董事会制定的决策网格（Decision Grid）。最后他总结道，"很明显，这家公司最有资质，也最有能力帮助我们公司上市。"听完他的讲解，我完全同意。从各方面看，这家公司都是我们的最佳选择。然后他又说，"把门关上。"我照做了。"你想不想知道我选择他们公司的真实原因？"

"不就是你刚才讲的吗？"

"才不是，我选择他们是因为我更喜欢他们。"他继续说，"5 强中有 3 家具备相关经验、人员和资源帮助我们顺利上市，但是在未来的整整 1 年中，我每天将和这些人一起工作 18 小时，而我和选中的这家公司的人沟通得最顺畅。"

据说，客户随着自己的心（感性）去购买，然后说服（理性）自己这笔交易有价值。这种说法经常用于消费品的购买行为，而不是商业大订单。虽然背景不同，但商业客户在做商业决策和预算安排时也会受到情感的影响。

差异化就是销售优势

差异化（Differentiate）的定义是"某人或某物的与众不同之处"。过去，展示差异更多是指事物。而今天，它更多是指人。

由于工作性质，我们经常陪客户参加很多交易会谈。客户做决策时经常会说："在我们考虑的 5 家公司中，我认为有 3 家的产品是合适的，但我只能选 1 家。"

根据我们的经验和研究，真正让一切与众不同的通常是销售人员，而不是价格或产品。

在我们研究的 42 项因素中，有一项是"能提供最佳的产品或服务"。在选择供应商时，客户同意或者强烈同意这句话的频率并不是特别靠前，在 42 项因素中排行第 24。

这个因素会影响销售额，但不是区分销售赢家和第二名的决定性因素。在实践中我们观察到，如果你的产品或服务的优势特别突出，其他因素就不再重要了。而当客户发现产品或服务非常差时，即使销售人员舌灿莲花也无济于事。在很多交易中，客户通常会有好几个备选方案，其中至少有一个是不太符合条件的。但是对于排名靠前的方案，它们的差异并不大。一旦产品或服务看起来类似，或者没有任何一方占据绝对的优势，其他因素就会左右交易结果。

如果你的公司的确能提供最佳的产品或服务，你的销售工作肯定就会相对轻松。你太幸运了！如果你的产品具有突破性或者特别与众不同，你向客户展示差异时也会容易得多。然而大多数公司和它们的大部分产品并没有突出的优势，它们需要和同行进行激烈的竞争，才有可能拿到订单。

而我们能够追求到的优势，就是销售优势。销售优势是影响客户购买决策的最重要的差异性因素之一。

注意，与认同一样，差异也有两个主要组成部分：**整体差异和稀缺感**。

◎ 如果问客户他们购买时为什么会偏好某家供应商，他们通常会给出好几个理由。在他们的脑海中，有一系列的差异最终使赢家脱颖而出。

◎ 当客户觉得某物很稀少时，他们就会觉得它可贵。越是难以得到就越想得到。

顺便说一句，稀缺并不一定意味着独特。独特有时是合适的，但稀缺程度更强，通常也更可信。如果你有更棒的东西，一定要告诉客户。但不要言过其实，客户的期望需要在正常的范围内满足，而不能不着边际。很多销售人员会承诺高品质、高回报、及时回应、服务良好、持续增值等，但很少能兑现承诺。因此那些能证明自己言出必行的销售人员必将脱颖而出。

谈到证明，我们需要谈谈下一个价值类别：强化实力（Substantiate）。

强化实力，才能降低风险

我们曾经跟一家公司合作，这家公司的销售人员需要挖掘客户的需求。在一个案例中，一位销售人员与客户讨论投资机会，而客户感兴趣了！这名销售人员在第一次会谈后又与客户谈了几次，但最终也没能成交。当他问客户具体原因时，客户回答只是不想进一步往下谈。

这位销售人员之后跟我们说："这个商业机会十分诱人，10倍以上的投资回报率显而易见。但交易就是进行不下去。我不相信他们真的看不到这点。"

之后，作为对这笔交易的后续分析，我们同这位客户进行了交谈。当我们提到投资回报率时，他说："噢，我也明白。我本来很想放手去做，但我不相信它真的能实现。"这里的问题不在于认同，也不在于展示差异，而是在于强化实力。销售人员没能成功地让客户相信自己。

在销售人员进行洞察销售的过程中，客户会对风险更加敏感。因为洞察销售要求销售人员建议客户尝试新事物和新方法。

在使用机会洞察时，销售人员需要在客户的决策中加入新的内容，客户之前可能没想过这些内容，而销售人员会引导他们考虑并采取行动。什么东西才能吸引经验丰富的客户的注意力？是那些可以产生巨大影响的事物，也就是可能带来巨大回报的事物。

然而，与高回报相伴而生的，是对高风险的感知。

正如图 3.4 所示，在理想情况下，客户对风险的感知与对回报的感知成正比。但是，销售人员有能力减弱或增强客户对风险的感知（见图 3.5）。

我们现在回顾一下之前的例子。客户看到了投资回报率，但不相信它是真的。也就是说，风险太高。客户感知到的风险来自 4 个方面：

销售人员：让客户信任自己和自己的团队。

商品（产品或服务）：让客户认为商品的性能跟描述的一样有效。

公司：让客户相信销售人员所在的公司是合适的合作对象。

结果：让客户相信他能在可接受的时间范围内取得预期成效。

销售人员需要发现特定客户最重视哪个方面，同时降低每个方面的风险。

表 3.1 分析了上述 4 个方面，总结了每个方面对销售结果的影响，以及它对于洞察销售的意义。

最终，一切都可以简化成价值和价值定位。交易结束时，销售人员如果能让客户觉得"我需要这个"（认同），"这个销售人员是最佳选择"（差异化），"我相信这个销售人员能成功，我们能取得成效"（强化实力），那么他就是赢家。在对客户的调研过程中，我们发现那些善于运用机会洞察和互动洞察的销售人员能够取得这样的成效。

在后面的章节中，我们将具体谈到在这个不断变化的商业环境中，如何应用洞察销售来提供最有力的价值定位。

真实案例：理解决策过程的销售人员拥有巨大的影响力

这些年来，我们利用"3 点定天下"价值定位的框架帮助销售人员们成

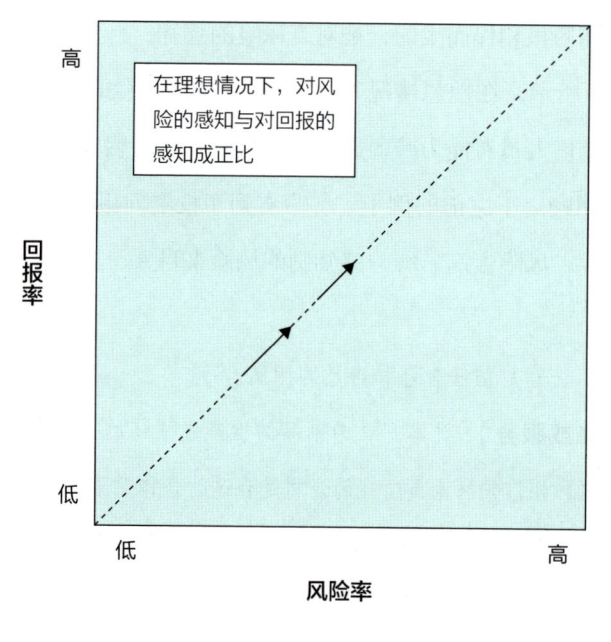

图 3.4 风险与回报

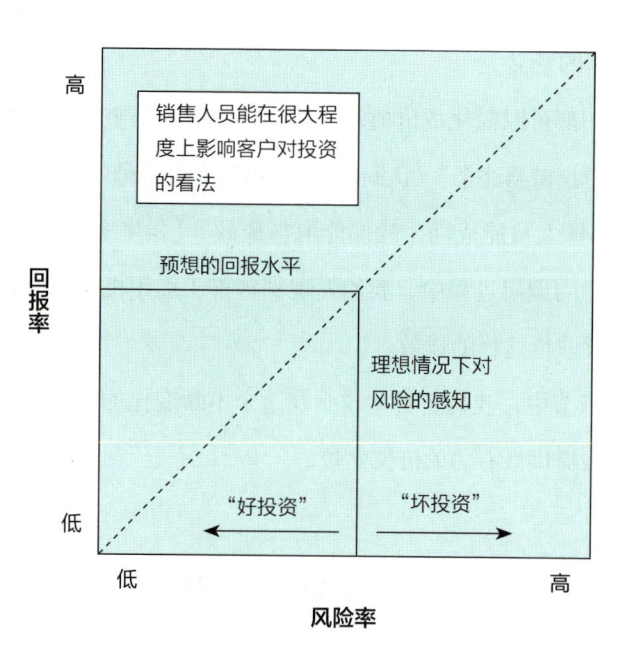

图 3.5 判断投资好坏

洞察销售准备篇 | 大客户营销顶层逻辑

表 3.1 风险对销售结果的冲击力

类别	客户在意的重要问题	当客户这样说……		客户不相信时的可能状况
		相信	不相信	
销售人员	我是否应该相信这个销售人员?	"我相信这个销售人员业务能力精湛。" ◎ 能力:这个销售人员业务能力精湛 ◎ 靠谱:这个销售人员时刻为我着想 ◎ 诚信:这个销售人员很可靠 ◎ 亲近:我很了解这个销售人员	"我不相信这个销售人员的建议。" ◎ 这个销售人员业务能力一般 ◎ 这个销售人员对我唯唯诺诺 ◎ 我不清楚这个销售人员的价值 ◎ 我对这个销售人员了解甚少	◎ 客户不相信你的建议和洞察 ◎ 客户不相信你的动机,总是心存怀疑 ◎ 客户不相信你的实力 ◎ 你跟客户的关系很脆弱
商品(产品或服务)	商品的性能是否跟描述的一样?	"这行得通。" 我相信产品或服务会像描述的	"这不管用。" 这东西可能不管用	◎ 客户可能相信你的建议,也喜欢你的商品,但最终还是从别处购买产品或服务
公司	我是否应该与这家公司合作?	"我们合作得很好。" ◎ 我是相信这家公司 ◎ 跟这家公司合作很愉快 ◎ 如果出现问题,这家公司有能力解决 ◎ 这家公司发展势头良好,会与我们一起成长	"我们合作并不愉快。" ◎ 这家公司名声不好 ◎ 这家公司跟我们不是一条心 ◎ 如果局势不利,我不确定这家公司是否坚持原则 ◎ 我怀疑这家公司经营不下去	◎ 客户可能任信你,你的商品和你的公司,但是不会成交,因为他们"看不到价值"
结果	我们能在可接受的时间范围内取得预期成效吗?	"一笔好买卖。" ◎ 这会帮助我们成长,提高收入等 ◎ 这肯定行得通 ◎ 信心高涨	"亏本买卖。" ◎ 我看到了赢利的可能,但是我没信心 ◎ 我对取得成效没把握	

49

功签下几千笔订单。因为理解了决策过程的销售人员拥有巨大的影响力，所以这是个值得内化的模式。

任何决策都可以分解成认同、差异化和强化实力的框架。下面我来举一个自己的例子。

有次我（迈克）同我儿子阿里的心脏病医生韦恩·图瑞斯基（Wayne Tworetzky）聊天，谈到我们正在写的这本书。我告诉他这本书有一部分探讨了销售人员如何销售创新的产品、服务和理念，而客户此前对它们一无所知。

我突然意识到，我那时面对的就是这样一种情况。我还没出生的儿子阿里被诊断出患有严重的先天性心脏病，除了图瑞斯基医生独创性的高超医术（《纽约时报》称之为"像科幻小说一般神奇"），没有任何其他的手术可以改善他的状况。

毫不意外的是，我们的讨论转向了为什么我和妻子一定坚持让图瑞斯基医生给阿里做这个手术。

认同：我们为什么想要且需要这个手术？

我们面临的现状：

◎ 阿里的左心室会衰竭，而左心室负责为身体输送血液。
◎ 阿里在4岁前要做3次大型心脏手术——如果他能活到4岁。
◎ 即使手术成功，他的生活也将充满困难，还可能不会长寿。
◎ 他可能会活动不便，比如不能运动，也不能在家附近的湖里游泳（我们不得不搬家）。
◎ 他可能面临心脏衰竭的风险，需要接受心脏移植。

理性认同：手术成功的直接利益

如果这场手术成功了，它能够：

◎ 挽救阿里的生命。
◎ 保住阿里的左心室，而不是让它永久地衰竭。
◎ 消除心脏移植（或过早移植）的可能性。
◎ 避免3次复杂的心脏手术，后者会彻底改变我儿子的心脏，让心脏只依靠右心室维持运行。
◎ 延长他的生命，可能会显著延长。
◎ 改善他的生活质量。

作为客户，我们也面临着每位客户都会有的问题：我们为什么不想做手术？原因包括孩子出生后要住院很久（第一年大约要住6个月），后续要做几次更换心脏瓣膜的手术，还可能要做心脏移植，以及可能患上危及生命的术后综合征，诸如此类。对我们而言，采取行动要比不行动更能引起认同。

感性认同：最揪心的决定……

这本书的篇幅不足以让我们清楚表达心中强烈的情感。那是我们这辈子做过的最揪心的决定，你可以想象我们的感受。如果不是理由实在太充分，光是我们经历过的期望、梦想和恐惧就足以让我们放弃这场手术。我们中途确实放弃过2次，但最终还是选择了坚持。如果手术只是场白日梦，如果成功的可能性再低些，我们就不会选择继续手术。

其实在这种情况下我们只能接受手术。我们被告知，50%的手术预约者放弃了。人们（客户）有自己的理由和标准决定是否做（或不做）某事。

差异化：波士顿儿童医院具有整体优势

◎ 波士顿儿童医院是全世界最好的儿童心脏病治疗医院之一。
◎ 图瑞斯基和他的团队首创了这种手术。
◎ 图瑞斯基他们当时正好在波士顿。
◎ 其他选择（比如不手术或终止妊娠）无法激起我们的认同。
◎ 虽然其他医院也在网站上声明可以做这类手术，但波士顿儿童医院做此类手术的频率比其他医院高25%。

最后两点让我们感受到了稀缺性——其他医院刚开始接触这种手术，因此波士顿儿童医院就是我们的最佳选择。

跟"认同"一样，我们也从反面分析了"差异"——为什么其他医院不具备这种优势？想象一下，如果这种手术不是医学前沿手术，有几百家医院定期做着这种手术，手术成功率都比较高，那么去哪里做手术就不会成为问题。

如果上述情况是真的，那么产品（这种手术）本身就不具备稀缺性，产品就不会成为最重要的因素，我们的决策就会基于其他因素做出。比如哪位医生与我们有共同目标（合作），我们喜欢哪位医生（个人联系），谁最能说服我们（用预期目标和最佳方案说服），谁告诉了我们本该知道但还不了解的情况（传授新理念），哪些医生对手术可能存在的问题坦诚相告（建立信任，帮助避免失误）等，你懂的，这些就是销售赢家会做的事情。

强化实力：这个医生团队值得信任

◎ 与我们沟通，在手术全程保持联系，告诉手术的情况、手术的原理、将来可能出现的情况。倾听我们的想法，回答我们的问题。

- ◎ 讨人喜欢（有利于建立信任关系）。
- ◎ 指出可能的困难和挑战，以及发生的概率（也就是说，他没有歪曲事实）。
- ◎ 比其他医生经验丰富，熟悉手术流程。
- ◎ 发表过多篇关于该手术的论文，并在世界各地做过该手术的演讲。
- ◎ 是这类手术的"唯一值得考虑"的医生，另一家医院的心脏病专家这样告诉我们。

服务（手术）将"像描述的那样进行"

在这类手术的历史上，有 2/3 的手术（在我们之前有 89 例）在技术上是成功的，也就是说，医生通过准妈妈接触到胎儿的心脏，然后进行了必要的手术。在过去 3 年里，手术成功率已经提高到 80%。

尽管手术确实存在风险，我们仍然相信，为了积极的结果值得一试。

- ◎ 这家医院的儿童心脏科和心脏手术世界排行第一。
- ◎ 它是全世界最好的儿童医院之一。

我们将取得最终结果

- ◎ 大约 1/3 的孩子在手术后存活了下来；近年来，这类手术的成功概率提高到 50%。
- ◎ 我们跟一些家长交谈过，他们的孩子也做过这种手术，这些孩子开心且（相对）健康，这给了我们希望。

虽然我们无法将可能出现的糟糕情况都列举出来，跟"认同"和"差异化"一样，考虑对方的真正实力也很重要。想象一下，如果我们不喜欢这些医生，如果医院在这类手术方面没有名气，如果结果并不像其他医院那么好，或者如果结果一点都不好，那么我们对风险的感知又会是怎样的呢？

写作本书时，阿里已经成功进行手术，身体一切指标都非常好。

绝对成交笔记
INSIGHT SELLING

核心内容

在过去，价值通过产品或服务来体现。然而随着产品或服务的商品化，销售人员成为价值所在。这是个巨大的转变。

销售人员仍有很多机会向客户销售他们以前从没考虑过的产品或服务。不是所有的产品或服务都是商品，客户有时甚至不知道它们的存在。

关键回顾

人们购买的理由可以分成3种类型，它们共同构成了价值定位：认同、差异化和强化实力。

客户必须想要或需要你销售的东西。你必须激发客户的认同，如果做不到，客户就不会购买或者不会从你这里购买，因为你为交易带来的价值还不够重要。

客户必须看到你为何与众不同，你必须能够展示差异。如果做不到，客户会跟你讨价还价，或从别处购买。

你必须让客户相信你的实力，你必须言出必行。如果你做不到，即使客户想得到你销售的东西（认同），也看到你是唯一合适的销售人员（差异化），但是他们还是不会冒险与你合作。

认同分为两种——理性认同和感性认同。销售人员应该牢记这两点。

洞察型销售人员善于运用价值定位中的认同，因为他们能为交易带来重要的理念和机会，他们与客户沟通融洽，让客户认为自己必须时刻咨询他们的建议。

善于运用机会洞察和互动洞察的销售人员，一定也最善于激发认同、展示差异和强化实力。

INSIGHT SELLING

洞察销售理论篇

在 RAIN 模式三级别中运用洞察

RAIN 全流程销售模式帮助销售人员展开强力对话，引导销售会谈，在此基础上，RAIN 模式三级别重点解决大客户营销难题。洞察销售如何在 RAIN 模式三级别中发挥作用？

关联、说服、合作这三个级别不是孤立的，实际销售中，如何才能做到逐层递进，深化客户关系？

除了产品的价值，销售人员自己如何成为价值所在？

第 4 章 关联：
为最大限度提供商业价值打开大门

有次，我们想改进一下我们使用的软件。我与一家技术公司联系并打通了电话。电话那边的人询问我们一直以来是怎么使用这个软件的，我跟他讲了下大致情况。

他马上说我们一直以来的使用方法完全不对，需要改正。他继续提到一个全新的方法，大部分客户之前都没考虑过，但是成效非常显著。他傲慢又粗暴，我没耐心继续听下去。

他只问了我一两个问题，第一次交谈就告诉我什么该做，什么不该做。可能他们确实有什么过人之处，但是我宁愿去别的地方寻求帮助，至少其他人知道怎么好好说话。

——一家市值数十亿美元的公司的客户管理部副经理
在战略客户管理协会上发言

上面这个销售人员开始时的思路可能没错，他认为客户的老办法不如他的新方式，他试图运用互动洞察来反驳客户的想法和做法，然后试图为机会洞察铺平道路，告诉客户一种新的做事方式，为他们创造价值。

不幸的是，因为使用策略不当，这个销售人员的两种洞察都没能收到预期的效果。他还需要在两个基本方面做出改进：

◎ 他没有与客户建立亲密的关联，相反，他把客户激怒了。
◎ 他可能理解了客户的需要，同时也有一个更好的解决方案，但是他没有成功地传达这些信息。

在观察销售人员运用洞察销售的过程中，我们发现他们经常犯这种错误，因为他们：

◎ 不重视关系，不相信自己能被客户视为洞察的源泉。
◎ 抛弃了顾问式销售的基本理念。
◎ 不善提问。他们的问题提得不够（通常是因为最近几年他们被反复告知，顾问式销售已经过时了），没有问出合适的问题，提问方式不对，或没有仔细倾听客户的回答。

在本章中，我们会探讨销售人员如何与客户建立关联，如何建立产品和服务之间的关联，以及这种关联跟洞察销售的关系（见图4.1）。但本章的目的不在于如何培养关联，也不是另一篇关于顾问式销售的新论文。相反，我们会注重阐明一些具体的观点。

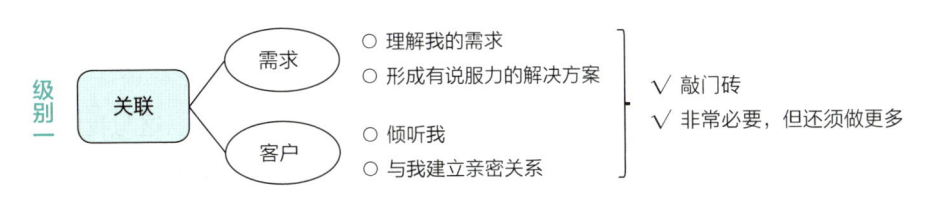

级别一　关联
- 需求
  - 理解我的需求
  - 形成有说服力的解决方案 √ 敲门砖
- 客户
  - 倾听我
  - 与我建立亲密关系 √ 非常必要，但还须做更多

图 4.1　级别一：关联

提起与客户建立关联，现在销售界的主流是不看重关系的价值，特别是感性关系（与客户建立熟络友好的关系）。我们的观点刚好相反，我们认为感性关系有助于销售人员为客户提供价值，利用洞察达成交易。我们还从商业角度帮助人们衡量关系的影响力。

我们的另一本书《绝对成交话术内训手册》深入阐述了建立关联的要点。在本章中，我们侧重阐述提问帮助销售人员理解客户的需求，我们还将阐明销售人员在应用互动洞察时如何巧妙提问。

价值共生的核心法则

关系指两个或两个以上的人互相关联的方式。在销售过程中建立关系，这种关系可以分为两类（见图 4.2）：

关系 = 基于互相喜欢和亲近的联系（私人关系）
关系 = 基于商业影响力的联系（商业价值）

建立私人关系之后

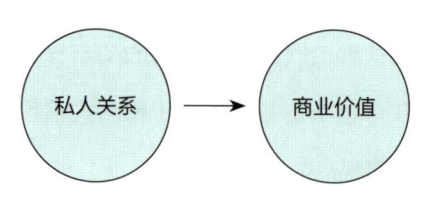

私人关系 → 商业价值

图 4.2　私人关系促成商业价值

近来，销售界的主流是不重视建立关系，尤其是私人关系。这与我们通过研究和实践得出的结论相违背。那些不重视建立关系（私人关系）的销售人员，很难通过洞察销售取得成功，并建立商业价值。

建立私人关系，客户才能接受洞察

在我们的研究和访谈中，客户反复强调只要他们已经了解并信任对方，他们很乐于接受新理念和好建议。销售人员如果已经与客户建立起私人关系，就会发现机遇的大门已经打开（见图 4.2）。

这对没能和客户建立起私人关系的销售人员提出了严峻挑战，因为客户更愿意和已建立私人关系的销售人员会谈，更能接受后者的洞察（见图 4.3）。

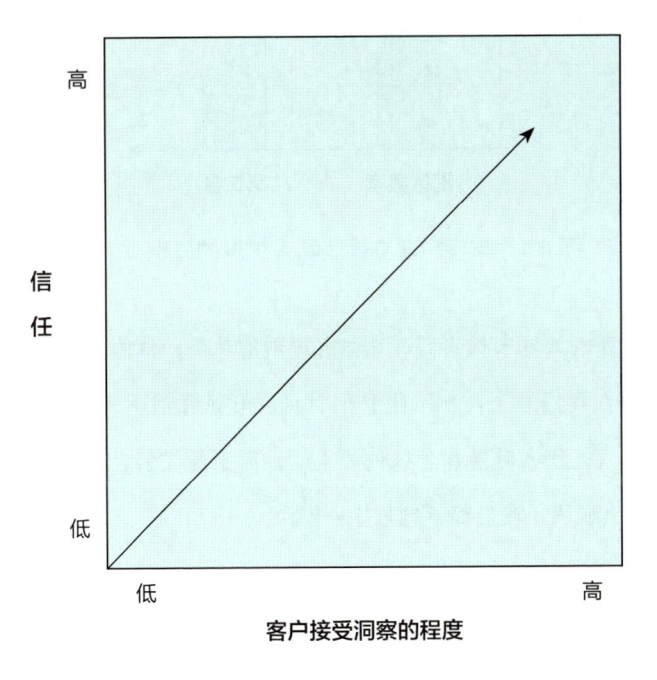

图 4.3 信任是建立洞察的基础

为什么私人关系很重要？

◎ 私人关系和好感会发展成信任。因此从根本上说，那些常见的贬斥建立私人关系的建议都是欠考虑的。

◎ 客户认为，在建立稳固的私人关系方面，销售赢家成功的概率比第二名的两倍还多（见图 4.4）。

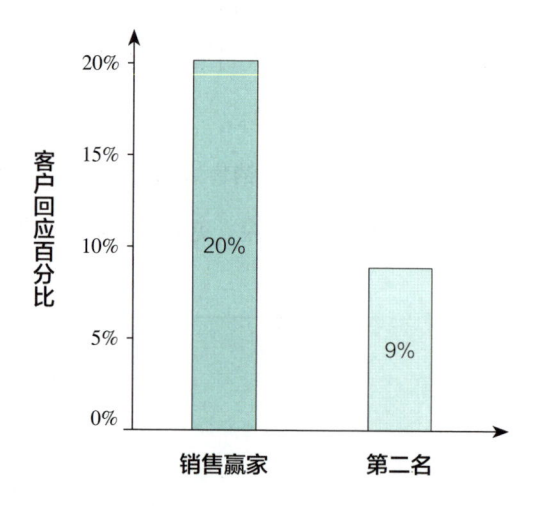

图 4.4　与客户建立稳固私人关系的概率

一个销售人员过来找我们，说他有深刻的见解。他的做法好像是要把它强加在我们身上，他不跟我们讨论，好像我们不是客户一样。他真的很烦人，什么时候都是以他为中心，而不是我们。因此，不管他看起来多么聪明，我们都不想与他合作。

——伦纳德·施莱辛格（Leonard Schlesinger）
哈佛商学院教授，Limited Brands 前任首席运营官

好感会发展成信任

《市场营销科学学报》（*Journal of the Academy of Marketing Science*）刊载过一篇题为《论长期渠道关系中个人好感与信任的关系》的文章，这位作者发现在销售关系中，好感会发展成信任。

表 4.1 展示了这个发现和其他类似研究的含义。

表 4.1 建立信任的基础

发现	含义
好感带来信任	建立私人关系很重要
商业价值的相似性带来好感和信任,提高了沟通的频率	建立关联,成为彼此最合适的合作伙伴
沟通频率带来好感、信任以及对商业价值相似性的认知	用有意义的方式经常沟通
互相依赖带来信任	成为客户不可或缺的资源,与客户的业务建立紧密关联

而且,这位作者发现销售人员越擅长与客户沟通,客户就越能接受销售人员的商业价值,越喜欢他们。

正如这位作者所说:"结果表明,在理解信任方面,好感非常重要,但一直被忽视。无论销售关系是长是短,好感对信任都有着巨大的影响。换句话说,好感不仅是信任的组成部分,而且商业价值的相似性和私人沟通的频率等理念也是通过好感体现出来的。"

> 我认为人们喜欢跟自己喜欢的人开展业务,这是人之常情。
>
> ——杰克·克兰
> 克里斯蒂数字系统总裁兼首席运营官

总结:如果客户喜欢某位销售人员,那么让客户倾听他的想法,把他视为洞察的源泉,就会容易得多;如果某位销售人员建立并且发展与客户的私人关系,那么后续发展会容易得多。

进一步稳固关系，成为客户不可或缺的资源

现在我们已经身处 21 世纪，生意和关系与《广告狂人》(*Mad Men*) 中的时代已大不相同。以前，人们希望先建立私人关系，等彼此非常熟络后再谈合作。现在，人们通常先谈合作，只在极少数情况下会事先约饭互相了解。豪华商务午餐早已是明日黄花，但这不意味着销售人员不能与客户建立私人关系，只是顺序有所不同而已。

如果销售人员能够从第一次沟通开始，就让自己成为洞察的源泉，客户就会一直寻求他们的建议。在与客户签单之前，销售人员就通过洞察为客户创造了价值。随着私人关系和商业价值的确立，销售人员与客户沟通的频率和深度就会增加。

如果销售人员打好了手中的牌，他们与客户间的关系就会萌芽并开花结果。一旦成功，就会让信任的基石更加稳固，也会让客户更加愿意接纳销售人员的建议（见图 4.5）。

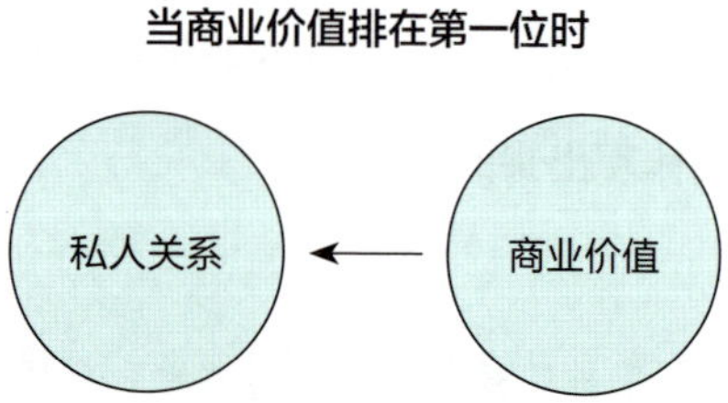

当商业价值排在第一位时

私人关系 ← 商业价值

图 4.5　商业价值让私人关系更牢固

自此，销售人员可以从私人角度和业务角度增强和加深与客户的关系，成为客户不可或缺的资源。

有时，一些自认为什么都懂的家伙走进来，想要表现成"全场最

聪明"的样子。我对这种居高临下的方式并不买账，因为他们忽视了我的存在。如果这些人表现得很过分，他们 15 分钟内就会被扫地出门。虽然我并不认为自己是全场最聪明的人，但至少他们应该明白我才是客户，最后解决问题的人也是我。

——伦纳德·施莱辛格

哈佛商学院教授、Limited Brands 前任首席运营官

分析客户关系的"关键 7 问"

当我们让销售人员描述与客户的关系时，他们通常会这么说："这段关系基于我所提供的价值，对我的成功非常关键。大致说来，我们的关系稳固深厚，特别是同最重要的客户的关系。"

但如果再深究一下，大多数销售人员会认同，虽然他们的标准回答是"稳固深厚"，还是有很多细节值得推敲。为了帮助客户分析他们与自己客户的关系，我们问了他们如下 7 个问题：

◎ 你的客户认为你们的关系有多重要？
◎ 在专业领域制定策略和方向时，你的客户如何描述与你们的行政团队的合作水平？
◎ 你的客户如何描述你对于他们成功的意义？
◎ 如果没有了你，你的客户会怎么样？
◎ 如果客户团队里有个人说"我们换个供应商吧"，负责跟你联络的客户会怎么回应？
◎ 在招投标过程中，你是否要经过激烈的竞争才能争取到客户？
◎ 你的客户是否会另找他人？

然后回答就会变得非常精彩。一旦销售人员在表 4.2（从客户角度出发回答了上述问题）中标记出他与客户的关系所处的级别，我们的交谈自然就会集中到为什么目前的关系会是这样，怎么做才能加强关系，以及销售人员需要在客户身上倾注多少精力。销售人员只有加强和客户关系，才能为达成交易打下基础。

我们遇到的大部分（不是所有）销售人员，他们与客户的关系至少在某一项上处于顶级水平（不可或缺）。

他们说客户对这些问题的回答会像这样：

重要性："这段关系对我们来说不可或缺。"
伙伴关系："在专业领域制定新策略时，我们会尽可能地积极合作。"
对成功的影响："我们与他们取得了突破性的进展。"
关系破裂的影响："如果不与他们合作，后果是灾难性的。"
更换供应商："只要有我在，绝对不可能。"
招投标竞争："有时我会参加投标，这时我会与他们一起制定招标文件。如果我有权决定，我只会选择他们作为供应商。"
另找他人："不会。"

在研究这些处于顶级水平的关系时，我们发现销售人员对于客户关系的认知有着重要影响。他们并不只是出售产品和服务，他们让客户意识到他们的独特价值。

此外，销售人员和交货部门能为交易带来的洞察越多，客户就越重视他们，他们在关系强度量表上所处的级别就越高，更容易成为客户必不可少的合作伙伴。

表 4.2 关系强度与客户决策

重要性	伙伴关系	对成功的影响	关系破裂的影响	更换供应商	招投标竞争	另找他人
5. 必不可少	积极战略性合作伙伴（与决策者精诚合作）	突破性的	灾难性的困难	坚决反对	很少，或者"走过场"	不会
4. 重要	积极投入（能接触决策者）	重要的	重大挑战	抗拒	有时是独家厂商，有时会左右招标过程	不太可能
3. 值得	被动投入（有时能接触决策者）	某种程度上的	有一些挑战	可能抗拒	很典型——有时会被提前告知内幕	可能会摇摆
2. 不重要	无足轻重（只能接触不重要的行政助理）	没有	没有挑战	不可能抗拒	很少——很少会知道内幕	可能会很积极
1. 没建立起关系	不适用	不适用	不适用	不适用	不适用	不适用
0. 糟糕/恶劣	拒绝沟通	消极	利大于弊	积极	不考虑你	会

理解需求并提出有说服力的解决方案

我们知道，洞察型销售人员会利用机会洞察积极主动地为客户提供可供考虑的方案。但是，我们设想一个客户带着自己的需求来找你，在这种情况下，你其实并不需要告诉客户为什么要做某事。客户自己已经考虑清楚了。虽然竞争可能有点激烈，但你肯定还是想赢得交易。

为了做到这点，你必须在需求和解决方案之间建立关联。销售界目前的主流，除了不重视关系的价值，还摒弃顾问式销售。这么做无异自冒风险。

根据我们的调研，想要成交，销售人员必须：

◎ 表现出对客户需求的理解；
◎ 制定出针对客户需求的有效解决方案。

虽然解决方案的定义千差万别，但这两个基本要素是始终不变的。这些理念广为人知、接受度高（除了那些建议抛弃这些理念的人，我们对此感到费解），但是销售赢家比第二名更擅长利用它们。事实上，这两点在区分销售赢家和第二名的要素中分别排在第 5 位和第 7 位（见图 4.6）。

> 销售人员自顾自地谈论解决方案，他们其实对我的需求、我的目标或我想努力的方向一无所知，我发现这点很烦人。他们不与我建立联系，开门见山直接谈交易。我认为讨论产品的点滴细节也是销售人员的职责所在，但是他们不擅长为我描画有意义的愿景，也不愿花时间思考这么做的成效。这很悲哀，但是我看到很多销售团队就是这样的。
>
> ——桑迪·韦尔斯（Sandy Wells）
> Bright Horizons Family Solutions 雇主服务部行政副总裁

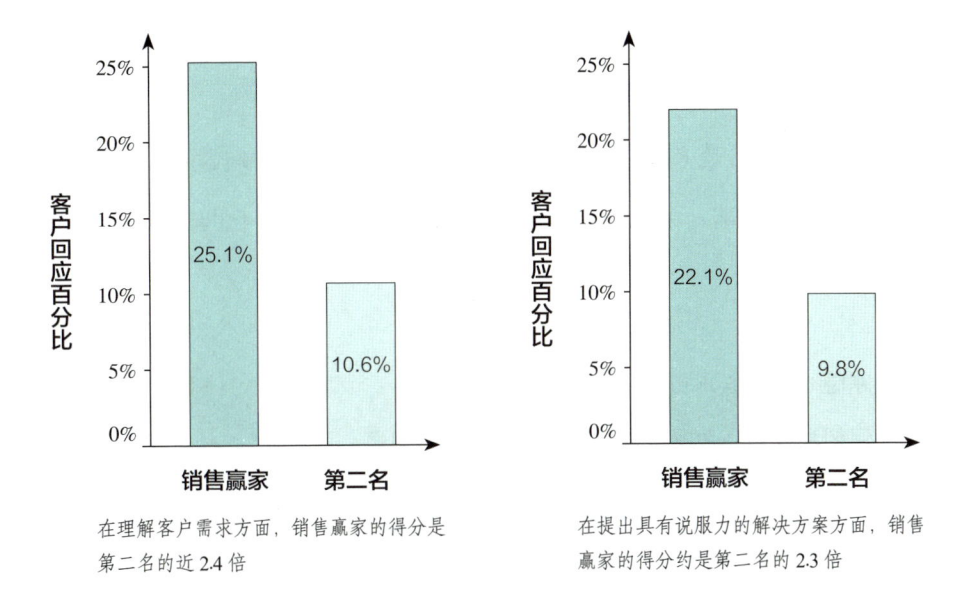

图 4.6　理解客户需求和提出解决方案对比

左图：在理解客户需求方面，销售赢家的得分是第二名的近 2.4 倍（销售赢家 25.1%，第二名 10.6%）

右图：在提出具有说服力的解决方案方面，销售赢家的得分约是第二名的 2.3 倍（销售赢家 22.1%，第二名 9.8%）

在销售中，解决方案的核心理念始终是成功的必要条件。但正如我们在第 1 章所提到的，这种方式必须从根本上做出改变，也就是：

◎ 渴望（收获）和痛点（需求）并重。

◎ 减少对需求的诊断，更多地建立和表现对需求的理解。

◎ 不要期望顾问式销售模式还能像以前那样轻松制胜，它只是敲门砖，让销售人员能够顺利进入销售环节，并不能保证销售人员赢得整个销售项目。

RAIN 模式引导高水平会谈

多年来，我们一直致力于运用 RAIN 模式教会客户如何在需求和解决方案之间建立关联。RAIN 模式是一张蓝图，帮助销售人员创造和赢得销售机会，为他们的销售才华提供一个展现的平台。RAIN 模式练习得越多，发挥的功效就越大，立刻运用马上见效。

RAIN 的核心是 RAIN 这个缩写所蕴含的意义。RAIN 模式帮助销售人员展开强力销售对话，同时适合三级别（关联、说服和合作）的大客户营销。RAIN 代表着：

寒暄：获得客户初步好感，强化信任。

渴望和痛点：发现客户的期待及要解决的问题。

冲击力：引导客户意识到问题的严重性。

新现实：让客户透彻理解可以得到的价值。

同时，渴望和痛点（A）与冲击力（I）还起着一种提醒的作用，要平衡说服和询问之间的关系。冲击力（I）和新现实（N）的组合将帮助销售人员最大程度发挥影响力。只要将这些概念理解并灵活运用，就可以在销售过程中取得成功。

如果你想了解如何引导高水平的销售会谈，如何在客户需求和解决方案之间建立关联，你可以抽时间了解下 RAIN 在线销售，或者去读《绝对成交话术内训手册》。

在开始下一个话题之前，我们想再次强调下 RAIN 模式的一个要素：渴望和痛点（A）与冲击力（I）起着一种提醒的作用，要平衡说服和询问之间的关系。洞察销售的会谈通常侧重以呈现信息的方式引导客户接受新理念。这当然是一种非常重要的分享理念的方式，但是在建立关联和为客户创造洞察的过程中，说服只能起到一半的作用，而起另一半作用的是询问，所以要平衡说服与询问。

清晰的总结 + 专业的提问

为了理解客户需求，销售人员通常会提问。然而，之前人们没有意识到提问在洞察销售过程中起着核心作用。提问应该成为核心的销售理念，无论销售人员自己有没有意识到，他们在提出合适问题时，就是在实践洞察销售。

在我们的研究中，有一个非常重要的发现：客户更希望销售人员理解他们的需求，而不是仅仅对需求做出诊断。销售人员表达对客户的理解时，最常见的方式可能是对他们听到的内容做总结。

"根据我的了解，你们认为导致生产过程烦琐低效的原因是这 5 点。之前你们聘用过一个顾问，试图通过重新设计流程和采用 ACME 软件来解决这个问题。但那个顾问能力一般，软件至今也没能在公司推广开。所以你们现在和 2 年前一样停滞不前。但是，对于将周期时间（Cycle Time）提高 20% 和把成本降低 5%，你们仍然充满信心。在方案的实施过程中，你们担心的是重蹈覆辙，浪费时间和财力，却毫无进展。是这样吗？"

这很好。一个清晰的总结会让客户明白销售人员理解到位。而销售人员的提问内容和提问方式，将决定客户对于其在自己领域中专业性的印象。以合适的方式提问，你就有机会向客户展示你明白他们的需求。

孟菲斯大学（University of Memphis）的研究者在 100 多名学生中进行调研，让他们找出损坏的家用设备（如洗碗机、电子钟、离合器等）出问题的原因。他们发现学生们在思考过程中所提出的问题，准确反映了他们对情况的了解程度。学生们提问的质量体现了他们对受损设备的理解情况。对于这些家用设备工作原理了解最深入的学生，通常会这样问："为什么……为什么不……如何……如果这样会如何……如果不这样会如何……"

研究者将提这些问题的学生与学生们之后参加的能力测试的结果相匹配，发现这些学生的知识掌握程度更高。那些知识掌握程度较低的学生会问这样的问题:"这个洗碗机是哪种类型的?"当然,客户不会测试你的能力,他们只会通过你的提问来感知和衡量你的水平。他们会留心你说的内容。

正如杰克·克兰所说:"销售人员提问的质量反映了他们有没有事先了解我们和我们的目标,他们是否了解自己的解决方案,以及如何把这个解决方案应用到我们的行业。有些销售人员的提问很肤浅,像是在例行公事,没有事先调研或者对业务不熟悉,我们对他们没有信心。"

如果你善于提问,就可以了解到客户的实际情况,再通过总结来体现你对客户的理解,并通过提问来体现你对客户情况的理解。

虽然在如今的销售中提问不能决定成交,但是它会帮你加深对客户需求的理解,或者让客户考虑之前没有注意到的方面。做到了这两者中的任一项,你就已经把洞察引入了交易过程。

11 个颠覆性问题,帮客户走出舒适区

正如前面提到的,洞察销售有赖于认知重塑,即改变某人对某事的看法。要做到这点,你可以通过呈现(说服)或提问(询问)的方式。更直接的做法是通过颠覆性的问题改变客户的想法。颠覆性的问题能够检验客户对实际情况和解决方案的想法和理解。颠覆性的问题会让客户反思,这通常使他们改变战略方案和行动策略。

颠覆性的问题会将客户推出舒适区。在这样的时刻,客户通常完全置身于学习区,在这里他们会接触到新的想法和观点,而这能帮助他们变得更加成功。

如果你想用新想法和新视角教育客户,那么客户就需要具有学习型的心态(见图 4.7)。

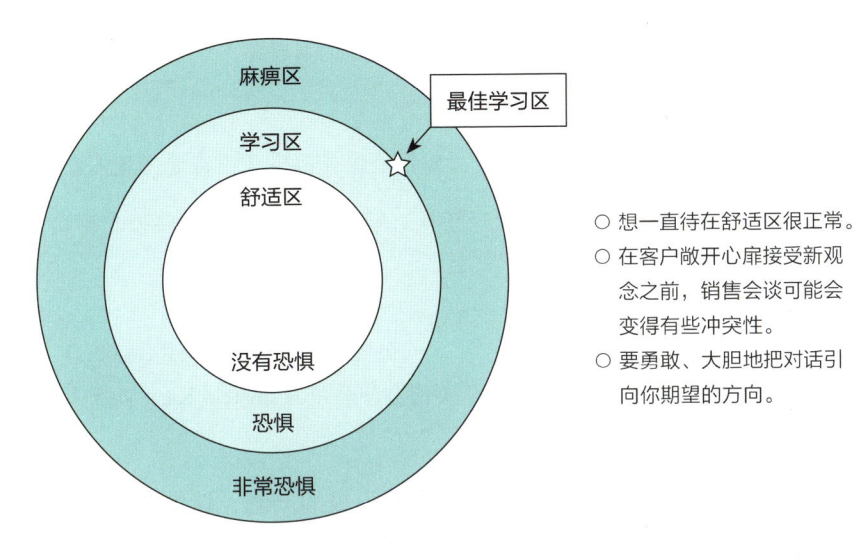

图中文字：麻痹区、学习区、舒适区、最佳学习区、没有恐惧、恐惧、非常恐惧

- 想一直待在舒适区很正常。
- 在客户敞开心扉接受新观念之前，销售会谈可能会变得有些冲突性。
- 要勇敢、大胆地把对话引向你期望的方向。

图 4.7　引导客户走出舒适区

想要推动新想法和提供洞察，你就必须心甘情愿地努力耕耘。我在跟一个潜在客户交谈时可能会这样问："在每次交易前，你是否咨询过你的顾问，以帮助你安排好这笔交易？"

很多时候，我得到的回答是："没有，我在交易之前根本不会与他们交谈。我们一年到头可能只见一次面。我是老客户了，他们大概觉得这一切都理所当然。"

这时我可能会说："如果你在每笔交易前就与我沟通，我们的关系可能会更融洽。我不会因此向你收费，但是我将理解所有发生的状况，向你提供富有价值的洞察。"

然后我会分享这样一个故事，它是个完美的例子。有个客户给我打电话，说他们将通过一个普通的基金组织进行一笔交易，我对他说："请稍等，我觉得这样可能行不通。以不同的方式处理这件事，原因如下……"我们一起分析了这笔交易，并且让我们的国际税务团队参与其中。结果我们重新安排了这笔交易，最后帮客户节省了一大笔钱，也免去了他们的后顾之忧。如果他们在签合同前没跟我们沟通，可能一切都为时晚矣。

这个故事会向潜在客户表明，如果他们提前跟我们沟通，我们之间的伙伴关系将是怎样。如果你和你的顾问不是处于这样的关系中，那你也应该这样做。

——杰夫·萨默斯（Jeff Somers）
美国会计公司 Rothstein Kass 负责人

下面是我们为销售人员准备的 11 个入门级的问题，请像萨默斯那样，努力耕耘并在实践洞察销售的过程中使用它们。

1. 为什么？ 客户为什么要采用这个策略？客户为什么要这样说？为什么是 A 方案，而不是 B 方案？

问为什么，你就是在要求客户解释一些事情。如果他们的回答具有说服力，就勇敢地为他们而战！如果他们无法解释，那么改变的大门永远都为他们敞开。有时，当客户回答为什么时，他们会有种醍醐灌顶的感觉，一个灵光乍现的时刻。只要客户有这种感觉，你就有机会帮到他们。

在问为什么时应小心谨慎，不要让客户觉得你是在揭短，也不要想当然地以为自己是对的，客户一定是错的。请用一种合作探索的语气去发问，而不是质疑客户的判断力。如果你很不幸地选择了后者，你就会发现客户也变得强势，并坚持为自己辩解。如果你不赞同某些做法，最佳的策略就是只分享自己的想法。让自己的语气充满合作的诚意，你会发现自己能够与客户齐心协力地思考问题，因此通常能得出更好的解决方案。

2. 怎么做？ 客户认为这种情况下应如何取得成功？客户认为需要做哪些工作，才能让它成为企业文化的一部分？客户会如何避免这种或那种经常出现的挑战？这些"怎么做"会让客户思考现实情况。

有时客户非常清楚为什么要做某事，但对于如何做好这件事则没有清晰的规划。引导客户思考怎么做时，你能在很多方面帮到他们。你能帮助他们避开麻烦，他们可能会对做某事是否明智产生怀疑，因为他们已了解到操作层面上的真实困难。他们（或你）可能会对计划做出调整，让事情进展得更加顺利。无论情况如何，提出怎么做的问题都非常有益于产生洞察。

3. 客户有过哪些失败的尝试？ 这个问题能帮你了解客户的思维，帮你看到客户和你之间的认知差——客户了解哪些做法行不通，而你知道哪些做法行得通。

4. 客户是否曾经考虑过…… 你可能发现客户已经考虑过这些方面，但是他们思考的方式不太合适，或者对该领域的新进展不够熟悉。他们可能并不知道存在更好的方案。现在你可以把这些选择告知客户。他们可能会说："好吧，我应该怎么做？"或者"你怎么认为？"。这些回应会让你有机会为销售会谈带来洞察。

5. 如果客户这么做会有怎样的影响？ 这其实就是问："如果这样做，经济收益会怎样？"客户的回答能够表明：

◎ 他们看到了影响，以及为什么这点很重要（非常好！）。
◎ 在思考过程中，他们对于影响的认知会深化（太棒了！）。
◎ 他们认为影响太小，不值得采取行动（如果客户忽略了某个方面，你可以引导他们发现更大的影响）。
◎ 他们不知道（你可以帮助他们弄明白）。

6. 如果客户不行动会怎样？ 这样提问会让客户思考不作为的负面影响。他们可能会自己得出答案（"我们会损失一大笔钱！""人员流动将快得难以想象！"），因此他们就会改变想法。或者他们需要你的引导才能看到不作为

75

的负面影响。无论是哪种情况，这都是一种洞察。

7. 会有怎样的可能？结果会有怎样的可能？行动会有怎样的可能？解决方案会有怎样的可能？这个问题可以帮助客户展开更多可能性，让你有机会改变客户对情况的认知。

8. 客户是怎么知道那点的？客户通常会给出一些毫无依据的所谓"事实"，或者他们提供的事实可能曾经是有依据的，但现在已不再正确。通过询问观点背后的依据，你能帮助客户反思自己想法的基础。

9. 客户认为还缺少些什么？这个问题通常会得到这样的回应："好问题！"它会促使客户想起本应存在但被遗漏的要素。这个问题会全方面地启发洞察。

10. 追问。问一个问题，得到的答案可能有点实在、有点深入、有点具有说服力。继续追问，这些有点实在的问题和观点通常会被打破。

11. 单纯地多问几次为什么。这能够为客户打开通往全新洞察道路的大门。你能够为问题的潜在原因提供洞察，创造更好、更持久的解决方案。

这些问题会引导客户说出（至少是思考）"我之前没有那样想"之类的话，当他们这么说或这么想的时候，你就已经取得了认知重塑的效果：影响客户的思维方式和他们相信的事物。

利用深思熟虑的询问去引导客户的思维，你就能够影响他们的行动。销售行业盛行的做法是通过说服来达到这一目的，但是永远不要低估提问的价值，巧妙地提问同样可以做到这一点。

最后，善于提问和真正理解客户的需求（而不仅仅是表现出理解），对于形成具有说服力的解决方案是必不可少的。大多数的销售人员看着他们的解决方案，都会这样想：这太棒了，简直完美。这正是他们应该去做的，他们如果不这么做那肯定是疯了。

销售人员的想法可能是对的，但如果客户听了不认同，则表明销售人员不具备说服力。而关于说服就是下章的主题。

绝对成交笔记
INSIGHT SELLING

核心内容

与客户建立关联，在客户需求和销售人员的解决方案之间建立关联，这两者对取得销售成功至关重要。

如果不能建立关联，销售人员就无法应用洞察销售。客户不愿意与这些销售人员互动，要么因为不喜欢或不信任他们，要么因为销售人员看起来不理解客户的需求或不能形成具有说服力的解决方案。

关键回顾

与客户建立关联：已经与客户建立亲密关系的销售人员会发现提供商业价值的大门已经打开。

如果之前没有建立亲密关系，那么现在就去建立，为信任奠定基础，为最大限度提供商业价值打开大门。

销售人员越能建立信任，客户就越愿意接受他的洞察。

客户称销售赢家比第二名更善于建立亲密的个人关系，前者的得分是后者的两倍多。

从与客户的第一次互动开始，销售人员就要把自己塑造成洞察的源泉。

销售人员和服务团队越能为交易提供洞察，客户就越会看重销售人员和他的团队，他们的关系就会更加稳固。

建立关联。销售中解决方案的核心理念仍然是交易成功的必要组成部分，但是渴望（收获）和痛点（难点）并重，少诊断需求，更注重理解需求，牢记顾问式销售的模式仍有必要，但还不足以让销售人员取得成功。

绝对成交笔记
INSIGHT SELLING

　　为了引导高水平的销售会谈，请遵循 RAIN 模式：寒暄、渴望和痛点、冲击力和新现实。

　　对于大多数客户而言，销售人员表现出对他们需求的理解比诊断需求本身更加重要。

　　为了理解客户的需求，销售人员通常需要提问。

　　洞察销售有赖于认知重塑的概念，或者改变某人对某事的看法。销售人员可以通过呈现（说服）和提问（询问）来做到这一点。

　　提出颠覆性的问题，把客户推出舒适区，引导他们进入学习区。如果客户想理解销售人员传递的新理念和新视角，客户必须具备学习型的心态。

　　颠覆性的问题能够检验客户对实际情况和解决方案的想法和理解，让客户反思，这通常会使他们改变战略方案和行动策略。

第 5 章 说服：创造令人信服的故事就能推动改变

18 世纪后半叶，德国有位占星家和内科医生弗朗茨·安东·梅斯梅尔（Franz Anton Mesmer），他通过长时间凝视病人眼睛和在他们面前挥动磁铁来治病。梅斯梅尔认为，人之所以会生病，是因为身体内部出现气滞血瘀，打乱了生命的正常节奏。他还进一步认为，自己这种深入人心的凝视和挥动磁铁会让病人的身体恢复健康，甚至可以治愈所有疾病。

据说他治愈过头痛、晕厥、失明、瘫痪，还有很多其他疾病，甚至包括痔疮。他名动一时，一度在欧洲主要城市巡回出诊，宣扬他这种治疗方法的有效和强大，据说他在给病人治疗时，不仅可以完全控制他们的行动，还能操控他们的思想、感知和情绪。

当他进行这一切的时候，病人说，自己已经被催眠了！一个新的词语——催眠由此诞生。

从上面的故事，你可以学到什么？

◎ 你不太可能会忘记"催眠"这个词的由来，因为你是在故事中学到它的。至少，相较于只是说"'催眠'这个词语起源于梅斯梅尔医生，他的医术是现代催眠术的基础",这个故事更能让你印象深刻。

◎ 洞察型销售人员会利用故事的力量去"催眠",像那位医术高超的医生对待病人一样,只是没有挥舞磁铁和长时间的凝视。

想让客户共情并行动,你要把道理讲成故事

当人们听到一个故事时,他们倾向于用自身经历去加以理解。能够唤起听众记忆的故事就能激发情感。我们曾在《绝对成交话术内训手册》中提到过,故事能让客户身临其境。

人们听故事的时候,会在其中找到自己的影子,把自己想象进去,渴望成功并避免失败。伟大的故事讲述者擅长唤醒听众心中的情感,如担忧、恐惧、愤怒、爱慕、希冀和悔恨等。人们在听故事时不仅能感受到这些情感,还能在脑海中想象各种画面。当这些画面与强烈的情感相结合时,人们就很难再忘记。

与缺乏情感色彩的事实和数据相比,听众会更清楚地记得那些能激发他们情感的故事。根据认知心理学家杰罗姆·布鲁纳(Jerome Bruner)的研究,与单纯记忆事实和数据相比,听众记住故事的概率是前者的 22 倍以上。听众的大脑与故事讲述者的大脑已经同步,这个过程叫作"神经耦合"(Neural Coupling)。

洞察销售不仅仅关乎发现和赢得机会,它更多地关注推动改变:帮助客户从现状走向更美好的未来。理想的情况当然是能够直接跟某人说:"你现在在这里,而你本可以去那里。"指给他正确的方向,他就会听从。但事实上这样做并不够。

当销售人员讲述故事,并且用情感去感化客户时,客户不仅能理解销售人员描绘的前景,还能感受和看到。如果这种情感与他们对现在的感觉完全

不一样或者更强烈，他们就会下决心去改变。

约书亚·葛文（Joshua Gowin）博士在《今日心理学》（Psychology Today）上发表文章称：

> 当你给别人讲故事时，你能够直接向他们的大脑传输你的经历。他们能体会你的感受，能够产生共情。如果你们的交流非常有效，你就能让一群人的行为产生同步。当你通过故事传达某人的愿望时，这个愿望就会成为听众的愿望；当矛盾深化时，他们会不约而同地感到揪心；当愿望被实现时，他们会一起欢笑。只要你能吸引听众的注意，你就会在他们的心里。

换句话说，如果你想让人们按照你的洞察采取行动，那就给他们讲故事。当然，你应该以故事的形式提供宝贵的信息。与那些一板一眼只讲事实和数据的销售人员相比，销售赢家会把自己的说服内容编成故事，这样往往能收到更好的效果。

> 当众多著名咨询公司向我们抛出提议，承诺可以帮助我们管理或优化流程时，我想寻找的是那种具备相关经验、新颖想法并确实能提供其承诺的价值的人。如果他们说"你们有没有想过填补空缺……"或者"我们以前遇到过一个情况类似的客户，当时我们是这样解决的……"，就会吸引我的注意。
>
> 投资银行家们精于此道。在一笔交易的结账后清算（Post Closing）环节，他们会这样进行营销：讲一个过去的案例，描述自己所做的贡献，以及这种做法有多棒。这绝对是在推销，但我总是会被吸引。我非常想知道这个目标是如何达成的。他们好像在向我推销，但好像又不是。

他们不仅告诉别人自己取得的成绩，同时也在分享有价值的信息。这更像一种教育方式，确实很有效。

如果他们是以讲故事的方式呈现自己的内容，我就会像其他人一样被吸引，急切地想知道后来发生的事情。

——杰夫·帕克（Jeff Park）
Catamaran 公司执行副总裁和首席财务官

决策 3 要素：客户的信心需要你来给

在采取任何行动之前，客户会问自己：

◎ 这是什么？（建立关联点）

◎ 这件事成功的概率（无论是什么事）是多大？（风险）

◎ 在预期时间内，我们取得预期成效的概率有多大？（回报）

◎ 我们失败的概率是多大？（风险）

◎ 如果失败，最可能会发生什么？最糟糕的情况是怎样的？（风险）

◎ 如果我们这么做，我们应该选择和谁合作？（选择）

假设有一个自信的客户和一个不自信的客户，他们对这些问题的回答见表 5.1。这些影响客户决策的要素与我们在第 2 章提到的价值定位基本要素紧密相关：

最大收益和建立关联 = 认同（"我需要"）

最佳选择 = 差异化（"最佳方案"）

最小风险 = 强化实力（"我相信"）

表 5.1 不同自信的客户回应

项目	自信	不自信
建立关联：理解需求，方案具有说服力	他们理解我们，我也理解他们的解决方案	他们不理解我们，我也不懂他们的提议
回报：取得预期成效	会有回报，投资回报率很有吸引力，我确信它可以实现	我理解不了，我很怀疑是否能取得有价值的回报
风险：失败的概率	这个风险特别低	高风险。这笔交易不值得
风险：失败的后果	即使方案行不通，也可以尝试，因为后果微不足道	如果方案行不通，我们就完蛋了
选择：提供方案	我清楚地知道谁会是最佳选择	没有哪家看起来更好，连一家好的都挑不出

这很容易理解：客户在寻找交易机会。他们想利用已有的资源——财力、人力和时间，来取得有价值的回报。但客户很少直接说出内心的真实想法。如果销售人员能够提供洞察，告知客户如何操作，并为客户带来信心，说服客户相信他们会取得成效，销售人员就会更成功。我们发现一个很有意思的现象，当销售人员成功地向客户呈现新机会时，他们关于说服的做法惊人的一致（见图 5.1）。

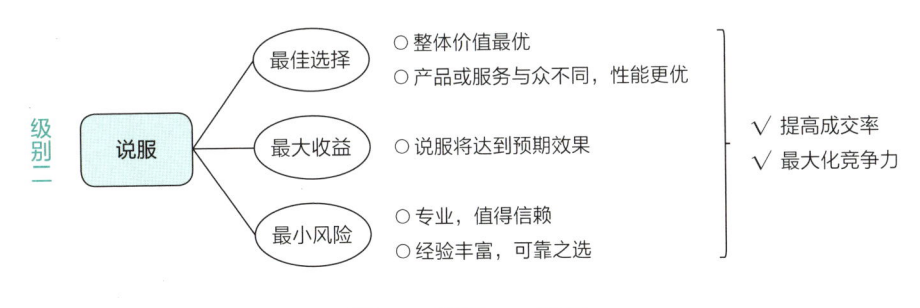

级别二

说服
- 最佳选择
  - ○ 整体价值最优
  - ○ 产品或服务与众不同，性能更优
- 最大收益
  - ○ 说服将达到预期效果
- 最小风险
  - ○ 专业，值得信赖
  - ○ 经验丰富，可靠之选

√ 提高成交率
√ 最大化竞争力

图 5.1 级别二：说服

擅长机会洞察的人更会激励客户

销售人员可能确信，只要客户购买自己的产品或服务，他们就会因此获益。然而，让客户看到潜在收益，对很多销售人员来说绝非易事。

对于销售人员，用机会洞察取得成功最困难的环节在于：

◎ 安排与客户的谈话。
◎ 通过最初的谈话，能让客户说："我们把它放进我们的行动安排吧，我会推进的。"

让我们仔细分析一下后者。擅长抓住新机会的销售人员深信客户应该购买，而那些不擅长抓机会的销售人员通常对客户并没有太大信心。

销售赢家在给客户讲故事时更具说服力，他们更能打动人心。他们是这样说服客户的：

◎ 使（某人）坚信某事是真的。
◎ 劝服（某人）采取行动。

擅长运用机会洞察的销售人员，无论自己有没有意识到，通常会遵循同样的方法去激励客户采取行动。最棒的是，这个方法简单直接，易于操作。我们把这个方法叫作"具有说服力的故事"。

第一次见面前精心准备，获取客户忠诚度

在设计具有说服力的故事之前，你必须回答3个关于客户的问题：

- ◎ 我想让他们学到什么？
- ◎ 我想让他们感受到什么？
- ◎ 我想让他们做什么？

为了回答好这些问题，在会面之前，销售赢家就会在以下领域找到尽可能多的信息：

- ◎ 客户的策略，包括想要改变或行动的领域。
- ◎ 将要参加会面的客户负责人主要关心的议题。
- ◎ 与利益相关方的洞察，如何成功地与他们沟通。
- ◎ 客户主要的产品或服务具备的市场竞争力以及不足，客户现在想要的改变或突破。
- ◎ 客户过去经历的比较典型的成功或失败案例，让他们对现在的交易更加有兴趣。
- ◎ 任何其他相关的事情，可能会让这次会谈最有成效（比如事情的背景、典型的决策、购买过程、风险承受能力、可能会对你产生不利影响的因素、客户对你所销售商品的既有看法）。

销售人员是否能够一直掌握所有的信息？从我们调研来看，大多数销售人员做的准备工作并不充分，而且很多销售人员连最简单的问题都没有提，比如，"本月29号我们有个会谈，您能否安排工作人员提前跟我介绍下相关背景，以便我们的会谈更有成效？"

多数能够在常规预算之外争取并提供资金的客户负责人，或能够为新项目安排预算的客户负责人希望即将发生的交易可以解决目前的问题，所以更愿意看到销售人员在会谈前做准备。

案例分享
INSIGHT SELLING

没有做好准备的销售人员会被赶出会议室

杰克·克兰和我们分享他的亲身经历：

"有一次，我们安排了时间听销售人员做演示，然而那几个销售人员根本就不该来，因为他们了解自己的产品和服务，但是不知道如何与我们公司对接，如何解决我们面临的问题。这次会谈简直是场灾难。

"演示刚开始一会，情况就表明他们没有准备好，反而成了我在教育他们。我在花时间教育他们如何把商品销售给我，我一点都不喜欢这样。告诉我，你为什么觉得自己能解决我面临的困难，如何对你的解决方案产生信心？如果你能做到这两点，我就会觉得你有资格来参加这次销售会谈。"

在与客户负责人第一次见面前做好准备，往往能够建立长久的信任，推进销售进程。

7 步骤构建令人信服的故事框架

一个具有说服力的故事应该像图 5.2 一样。以下是每个阶段的核心要点。

1. 关联：建立关系和可信度

《哈佛商业评论》发表过一篇文章：《我能让你的大脑看起来跟我的一样》。其中的核心发现是"在良好的沟通中，听众的大脑活动会开始与发言者的大脑活动同步"。在写作本书的调研过程中，我们与该发现的首席研

洞察销售理论篇 | 在 RAIN 模式三级别中运用洞察

1. 关联
通过洞察客户情况，建立关系和可信度

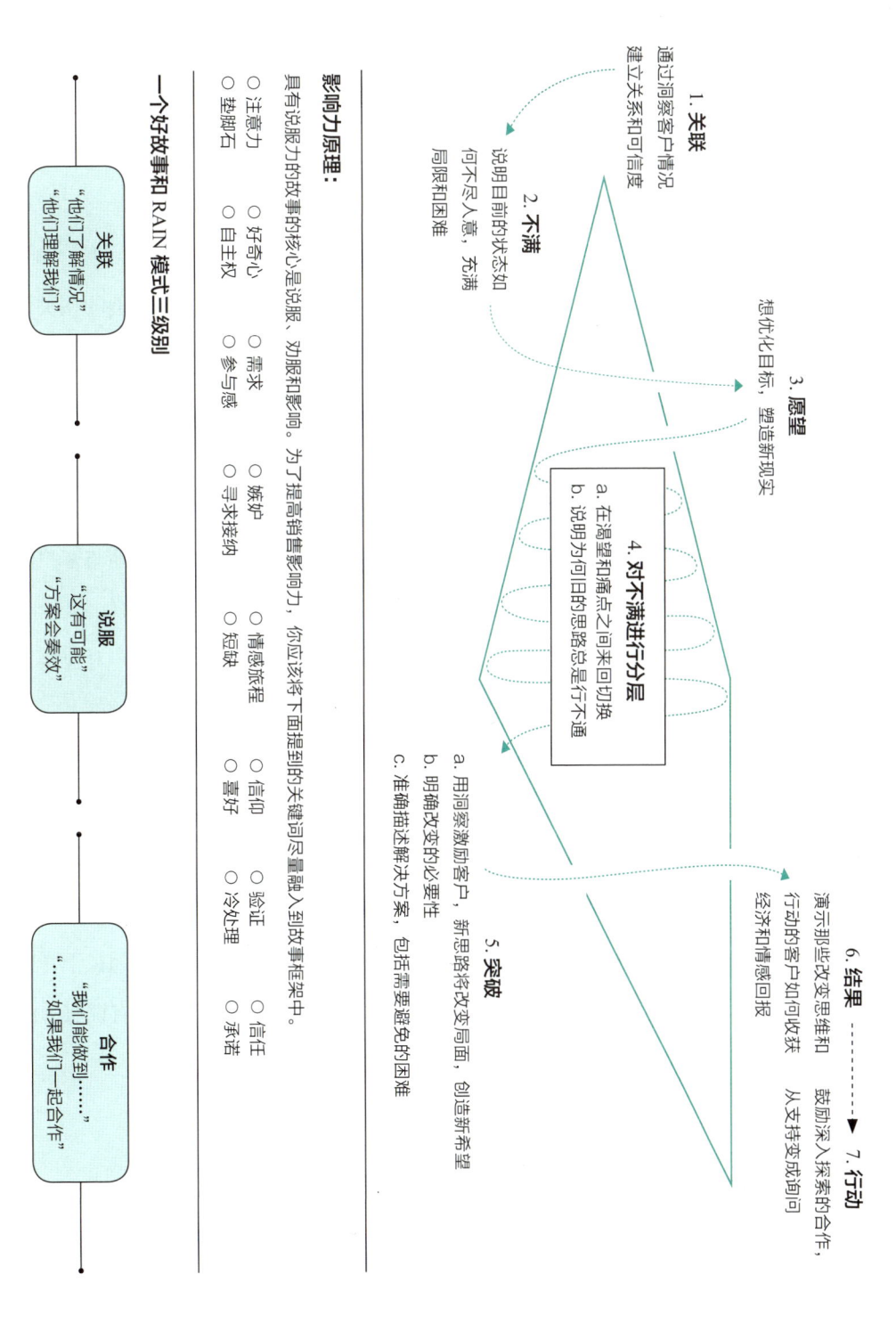

2. 不满
说明目前的状态如何不尽人意，充满局限和困难

3. 愿望
想优化目标，塑造新现实

4. 对不满进行分层
a. 在渴望和痛点之间来回切换
b. 说明为何旧的思路总是行不通

5. 突破
a. 用洞察激励客户，新思路将改变局面，创造新希望
b. 明确改变的必要性
c. 准确描述解决方案，包括需要规避的困难

6. 结果
演示那些改变思维和行动的客户如何收获经济和情感回报

7. 行动
致励深入探索的合作，从支持变成询问

影响力原理：
具有说服力的故事的核心是说服、劝服和影响。为了提高销售影响力，你应该将下面提到的关键词尽量融入到故事框架中。

- 注意力
- 垫脚石
- 好奇心
- 自主权
- 需求
- 参与感
- 嫉妒
- 寻求接纳
- 情感旅程
- 短缺
- 信仰
- 喜好
- 验证
- 冷处理
- 信任
- 承诺

一个好故事和 RAIN 模式三级别

关联
"他们了解情况"
"他们理解我们"

说服
"这有可能"
"方案会奏效"

合作
"我们能做到……"
"……如果我们一起合作"

图 5.2 具有说服力的故事框架

87

究者和作家尤里·哈森（Uri Hasson）博士沟通过，他告诉我们："好故事会让听众产生共鸣。想要讲出这种好故事，讲述者必须站在听众的角度讲述，才能创造出共鸣点。"换句话说，故事讲述者一开始讲的内容和听众越相关，就越能与后者建立强烈的情感关联。

销售人员表现出对客户情况的敏锐感知，以此建立关系和可信度。你可以介绍总体行业趋势，概述能够改变局面的技术因素，或任何其他的相关信息，只要它们能让客户说出"他们懂行"或"他们理解我们"。

我们观察销售人员的演示过程中，经常会看到他们把自己和产品定位成介绍的主体，这样做不对，客户才是主体。销售人员做的所有事情都应该服务于客户的需求，内容要从客户的角度来呈现，重点应该是如何帮助客户取得成功。将客户定为主体，销售人员才能够在说服的过程中更好地与客户建立关联，最终说服客户采取行动。一旦销售人员与客户建立起关联，显示了自己在所处领域的专业性，他们就会吸引到客户的注意力，让客户对他接下来要讲述的东西充满好奇。

Entelligence 是 RAIN 集团的一个客户，他们有着全世界顶尖的专家团队，能够设计、利用和管理公司硬件和软件，并为创新设备制造商、增值代理商和企业信息技术用户提供服务。他们领先行业的招聘、培训和支持体系能够确保客户按时、按预算得到最优秀的顾问服务。

起初，客户通常不知道为什么他们应该选择 Entelligence。原因在于，这家公司对待业务的方式与其他公司非常不同，它必须能够讲述具有说服力的故事。我们将分享一些他们具有说服力的故事的片段（见图 5.3）。

2. 不满：说出目前存在的问题

接下来，明确目前的情况，以及它为什么还不够好。客户对现状的不满

如何在一个"我也一样"的世界里脱颖而出

随着硬件和软件产品日益商业化，企业在服务创新上面临着越来越大的压力。

首席执行官

竞争来了！

Entelligence

图 5.3　以客户为主角

注意：故事一开始，Entelligence 没有谈论自己，而是讨论了客户所面临的具体情况。这张图是从客户的角度出发来讲述故事的。
来源：Entelligence。

是机会洞察的核心要素，也是一切行动和改变的关键。当客户明确了目前的情况，了解它为什么令人难以忍受，客户就清楚了改变的对象和行动的目标（见图 5.4）。

需要被改变的可能是任何的痛点：没有成效、市场份额下滑、在权宜之计上浪费时间，以及过时的想法。洞察销售的大师不仅会告诉客户应奔向什么目标，还会告诉客户应该规避哪些麻烦，帮助客户制定行进路线图。

正如前面故事中提到的，销售人员在调研时对情况了解得越具体，传达的信息就越能激起认同。

89

CO 技术公司所面临的新挑战

Entelligence

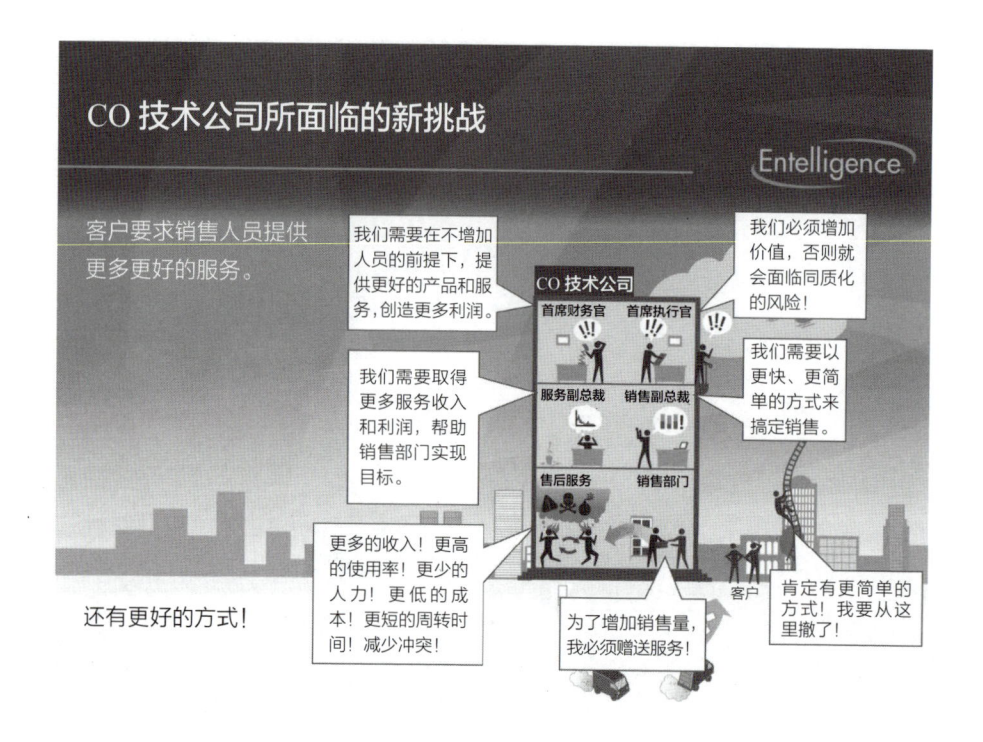

客户要求销售人员提供更多更好的服务。

我们需要在不增加人员的前提下，提供更好的产品和服务，创造更多利润。

我们必须增加价值，否则就会面临同质化的风险！

我们需要取得更多服务收入和利润，帮助销售部门实现目标。

我们需要以更快、更简单的方式来搞定销售。

CO 技术公司：首席财务官、首席执行官、服务副总裁、销售副总裁、售后服务、销售部门

还有更好的方式！

更多的收入！更高的使用率！更少的人力！更低的成本！更短的周转时间！减少冲突！

为了增加销售量，我必须赠送服务！

肯定有更简单的方式！我要从这里撤了！

图 5.4　不满——明确目前的情况

注意：在故事一开始，Entelligence 向客户呈现了很多需要规避的麻烦，从大多客户都会面对的问题来讲述这个故事。
来源：Entelligence。

案例分享　INSIGHT SELLING

失败的恐惧比成功的回报具备更强激励

2010 年，多伦多大学的研究人员写了一篇论文，内容是他们在一家工厂中做的一场实验。工人们被告知每周的奖金发放规则，一组工人被告知，如果工作量达到生产目标，他们就会得到奖金；另一组工人则被告知他们得到了临时奖金，但是如果达不到生产目标，奖金就会被取消。

虽然两组的生产目标是一样的，但得到临时奖金的那组工人的最终业绩比另一组更突出。为了确认这不是偶然，研究人员在很长时间内继续测试，结果都很一致。研究人员得出结论：与成功的回报相比，对失败的恐惧具备更强的激励作用。

销售赢家在销售时也会采用同样的理念。强调投资回报率当然很重要，但如果同时利用好客户对失败的恐惧，则效果更佳。对于销售人员而言，向客户指明潜在回报非常简单，但引导客户发现不作为的负面影响（如收入减少、利润降低、市场份额丢失、丧失竞争优势、失去核心团队成员，以及负面情况日益增加等），往往更具说服力，更能促成积极的改变。

3. 愿望：优化目标，塑造新现实

人们都有前进的自然倾向，但是如果他们不知道自己要去哪里，那么所有道路对他们来说都没有差别。

作为销售人员，明确目标，帮助客户展望愿景的具体情况这种能力至关重要。第二名强调实现途径，他们会一直谈论产品："这是我们的产品，我们是这样做的。"他们传达的都是关于"怎么做"的信息。然而在了解到"为什么"要这样做之前，客户并不关心怎么做。

用 RAIN 模式术语来说，目标建立了"可能的新现实"。客户到达新现实时会得到什么？这就能回答"为什么这样做"。只要销售人员能理由充足地回答好这个问题，客户就已经为任何改变打下了基础：离开令人泄气的现状，追求更新更好的未来。值得一提的是，销售人员总是过高估计自己向客户呈现投资回报率的能力。

我们在提供洞察销售的培训过程中，经常会问销售人员："暂且不论销售的具体内容，你们销售团队有多擅长定义和传达投资回报率？"

销售人员经常会这么回答："关于这点，我认为不用太费心。我们过去在这方面有很多经验，而且我们团队非常精干，临场应变的能力很强，所以我认为没有问题。"

但我们在培训过程中接触这个团队时，发现实际情况并非如此。团队中的很多成员（有时是整个团队）无法说明或呈现具有说服力的投资回报率，对此我们已经见怪不怪了。不管是对销售人员的解决方案而言，还是从客户的具体情况出发，如果销售团队无法有效与客户讨论经济收益，那么他们利用洞察销售取得成功的可能性就会大打折扣（见图 5.5）。

图 5.5　愿望——建立目标

注意：在呈现时，Entelligence 对每种情况都描述得很具体。
来源：Entelligence。

4. 对不满进行分层：点燃强烈的渴望

只是对客户说"我们现在位于这里"和"为什么在这里还不够好"，还远远不够。这样的表达太平淡，无法营造一种强烈的渴望，不能让客户迫切地想要改变，也不能使洞察销售取得最终的成功。播种渴望和痛点并不是一个线性的过程。想要追求最佳效果，销售人员应在糟糕的现实和美好的未来之间反复切换。

🔍 **延伸阅读**
INSIGHT SELLING

最有说服力的演讲具备的共性

《共鸣》（*Resonate*）一书的作者南希·杜阿尔特（Nancy Duarte）研究过历史上最有说服力的演讲所具备的共性，这些演讲包括马丁·路德·金的《我有一个梦想》（*I Have a Dream*），史蒂夫·乔布斯在2007年苹果手机发布会上的讲话，以及林肯在宾夕法尼亚州的葛底斯堡演说。她在这些演讲中发现了一个普遍特征，它也是我们经常在最佳销售陈述中所看到的。她这样写道：

"这些演讲在中途会迂回前进。它会在现实和理想之间来回穿梭，因为你想让现实看起来不尽人意，你想听众采用你的理念，吸引他们走向更光明的未来。

"你想要改变世界，总会有人阻拦。他们安于现状，对改变毫无激情，所以他们会百般阻拦。这时你需要迂回前进。好比在水上航行，当你迎风而行时，你会遇到风的阻力，你必须以退为进，这样你就能乘风而行。在水上航行时，你必须把握好迎面而来的阻力。有意思的是，如果你对风的把握恰到好处，你的船帆调整得恰到好处，那么你的船速将比风速还快。其中蕴含着物理学的原理。因此，牢牢立足于现实和理想之间，利用好迎面而来的阻力，会比什么都不做更好地赢得人心。"

销售人员还可以描述下其他公司（或客户的公司）曾经的失败尝试。描述常见的阻力，是为了今后更好地克服它们。这么做的实际效果是，在了解其他客户也曾受困、也试图解决问题但没有成功之后，客户会对现状更加不满。因为客户会联想到自己的情况，他们也会感到受困，也会感受到同样的挫败感。

同时，销售人员可以用貌似遥远的新现实提醒他们。通过在现状和新现实之间来回切换，销售人员不仅建立了一个非常理性的差距（客户现在在这里，但是可以去那里），还强化了客户身处糟糕现实的负面情绪，点燃了客户对美好未来的向往。

5. 突破：量身定制解决方案

正当客户想接受目前不太如意的现实时，销售人员要向他们指明一条不一样的路。这是一条他们不知道，但别人曾借此脱困的道路，一个新希望！

当他们看到别人因改变而脱困时，他们也会想效仿。这种情感叫羡慕，羡慕是很强烈的情感。然而现实中的改变不一定会一蹴而就。销售人员不仅要帮助客户，还要记录过程，引导客户避开障碍。

在开展任何治疗之前，我们会把手术的可能风险和并发症告知病人。如果对象是胎儿或小孩，我们就会告知他们的父母。这种知情权是一切治疗的必经程序。当我们的治疗还处在实验阶段时，我们自己必须承认并告知孩子的父母，我们的医疗团队对这种疾病以及它的治疗可能掌握得还不透彻，父母们面临着艰难的抉择，他们对心脏病及其治疗可能理解得不够全面。相较于手术成功可能带来的好处，更重要的恐怕是告知可能出现的糟糕情况。就这个手术而言，即使一切进展顺利，心脏能够像预期那样恢复，这个孩子可能仍需要做一两次心脏手术。

我们的目标是让孩子拥有更健康的心脏，同时预防病情发展成左心发育不全综合征（Hypoplastic Left Heart Syndrome）。我相信如果能提前告知所有的潜在风险和并发症，医生就能与病患建立一种开诚布公的关系。我们不能一味推销治疗方式或说服病患尝试某种疗法，我们必须提前告知其中的隐患。

——韦恩·图瑞斯基
哈佛医学院儿科学副教授
波士顿儿童医院胎儿心脏病学项目主任

这不仅会让销售人员脱颖而出（这是唯一选择！），而且能证明他是个为客户着想的人。这种做法会帮销售人员赢得客户的信任，客户也会因此对解决方案更有信心。

有些销售人员做好了前面的铺垫，但之后避开了残酷的现实，没有坦诚告诉客户有哪些可能的不足。在这种情形下，客户能够理解解决方案，也明白投资回报率非常有说服力，但他们还是会对能否成功保持怀疑，或者会感觉销售人员有所隐瞒、动机不纯。只有那些直率的销售人员能够说服客户，他们的专业知识、合作精神，以及可信赖的伙伴关系是客户取得成功的必要条件（见图5.6）。

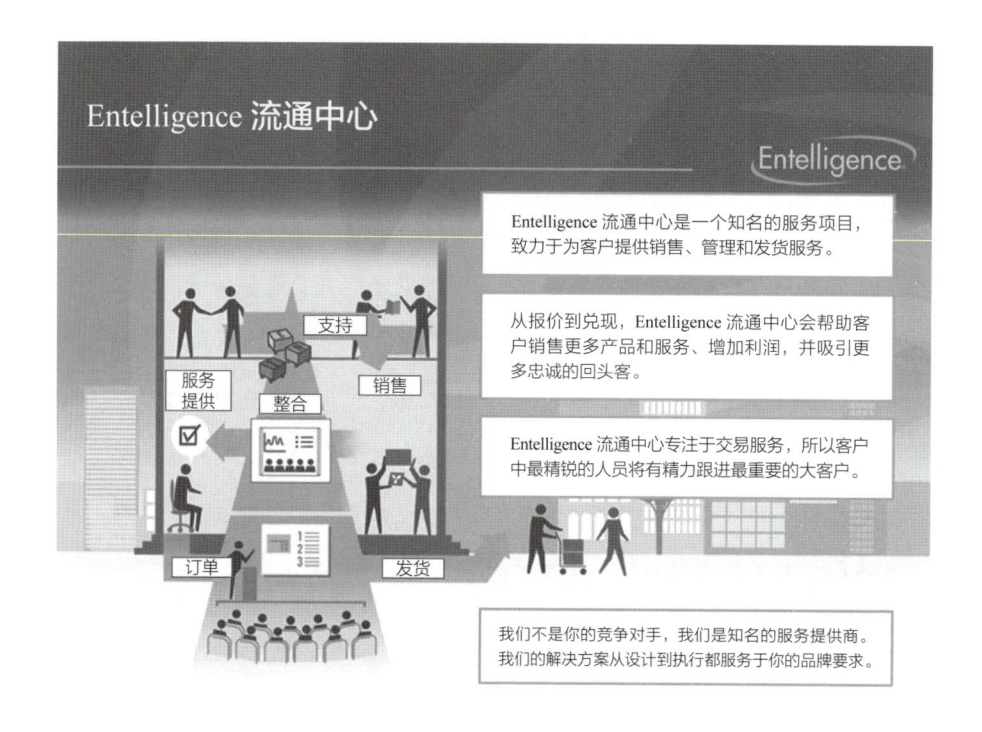

图 5.6　为客户量身定制

注意：Entellignce 为每个客户量身定制每场演示，虽然其中的原理和核心信息大致相同。
来源：Entellignce。

6. 成果：展示成功案例，让客户"对号入座"

展示之前的客户成功的例子，描述他们取得的结果。销售人员在这方面做得越到位，客户就越能树立信心。当销售人员告诉客户别人取得了多大的成效时，实际上强化了客户"对号入座"的心理，他们会想象自己也收到了同样的成效。他们会羡慕这种成效，羡慕心理在此又一次发挥了作用。

虽然很多人反对这种说法，但商业客户像个体消费者一样，购买时靠感觉，买完后再分析利弊。销售理念不只是以量取胜，也包括用具有说服力的故事结构，让客户事后分析投资回报率时仍觉得物有所值。销售人员要让客户对成果以及解决方案带来的其他附加价值充满渴望（见图 5.7）。

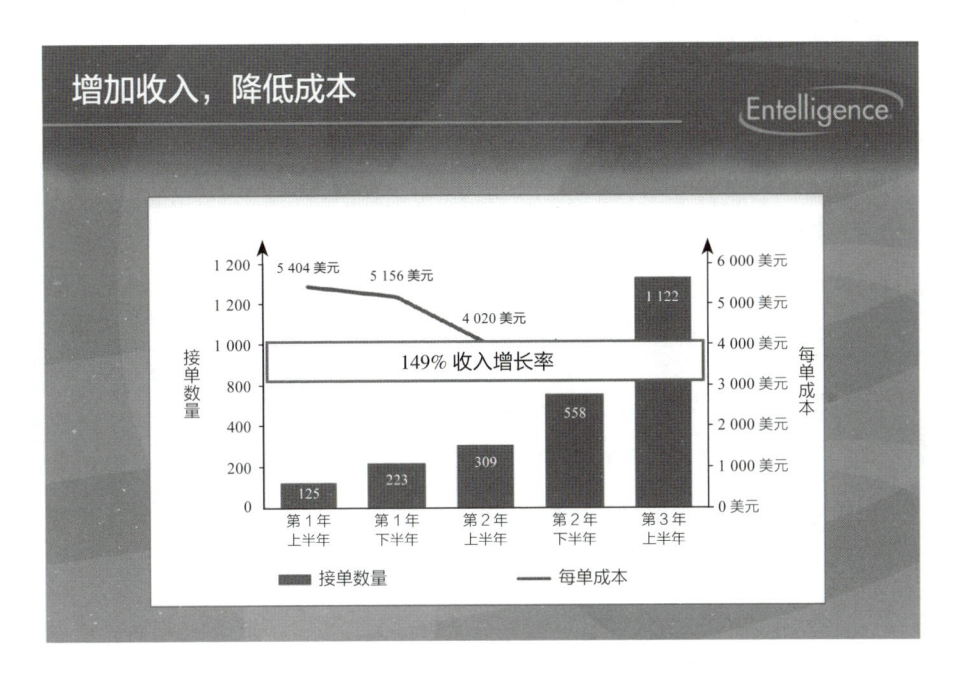

图 5.7 强化自身实力

注意：Entellience 做过研究，能够证实图 5.7 的数据，还提供如下确凿的数据：
- 收入增长率达到 149%
- 年成本率降低 29%
- 市场份额增长 17%
- 客户满意率达到 96%
- 产品销售增长 194%
- 每股每年的收入增长 0.05 美元
- 流通中心（提供的服务）在 90 天内的投资回报率达到 733%

来源：Entellience。

讲述具有说服力的故事时，很多销售人员会很自然地把重点放在投资回报率上（如果不这样做，他们可能一开始就没有机会）。但是，正如我们之前提到的，很多销售人员在跟我们沟通时会感到很惊讶，客户因为不理解投资回报率而止步不前，即使销售人员已经非常清楚地陈述了利好。

此外，客户说商家声称能为自己带来巨大收益，虽然销售人员已经把可能带来的收益说得很清楚，但客户经常觉得难以相信。

换句话说，销售人员在描述最大收益时无懈可击，但在控制最小风险方面做得不到位，因为他们的承诺无法被兑现。

善于兑现承诺的销售人员在 4 个方面表现出强大实力：

自我：他们在每个方面（专业能力、人格、品性，以及与客户建立的亲密关系）都能达到"可靠"的程度。

服务：客户对产品或服务通常半信半疑。他们会问自己："这个产品有用吗？""他们有能力提供良好的服务吗？"。优秀的销售人员会打消客户的这些疑虑。

公司：客户只会选择他们想要合作的公司。

结果：客户会倾听销售人员的故事，也相信销售人员能够提供良好服务（比如建立网站、完成项目、实施技术），但是他们通常不太相信最终结果真像承诺的那样好。

无论情况如何，销售人员必须充分做好以上提到的方面，以便推进销售进程，直至成交。销售人员通常会采用如下方法，在 4 个方面建立信任（见图 5.8）。

```
          强化实力 = 降低风险
              "我相信！"

┌─────────┐ ┌─────────┐ ┌─────────┐ ┌─────────┐
│  自我   │ │  服务   │ │  公司   │ │  结果   │
├─────────┤ ├─────────┤ ├─────────┤ ├─────────┤
│○能力    │ │○附属服务│ │○相关历史│ │○推荐材料│
│○可靠性  │ │○示范    │ │○口碑    │ │○案例研究│
│○正直    │ │○测试/试点│ │○相关介绍│ │○调研    │
│○亲密关系│ │○推荐人  │ │○可推荐性│ │○方案逻辑│
│         │ │○第三方调研│ │        │ │         │
└─────────┘ └─────────┘ └─────────┘ └─────────┘
```

图 5.8　4 个方面强化实力

7. 行动：开启精诚合作

人们通常认为，在销售的每个阶段，销售人员都应该告诉客户下一步应该怎么做。很少有人认为销售人员应该与客户建立具体合作关系。当客户认为销售人员是诚心与他们合作时，他们更容易决定成交。

很多销售人员在销售时总是急于成交，其实，这时更应该邀请客户参与讨论与合作。从合作到成交需要迈出很大一步，客户的精诚合作是缩短这一步的垫脚石。客户的合作能提高成交的可能性。

合作是洞察销售和有说服力的故事框架的核心元素。合作意味着把客户也纳入故事中。人们只有参与某事时，才会对它的成功充满期待。他们的参与感越强，就越能坚持到底。

最重要的一点可能是，合作能创造共同的体验，而共同的体验有助于形成"我跟你很熟"的亲密度。亲密度是信任的基石，而信任对于客户的购买行为至关重要（见图 5.9）。

这场演示的资料易于收集，展示时也特别有趣。为什么呢？因为我们十分了解客户。我们用一种平易风趣的风格展现了我们的理解。我们理解他们的处境如何艰难，理解他们需要发展业务，在不增加人手的前提下提高利润，最重要的是减少或消除麻烦、失败和冲突，这些情况困扰着很多信息技术项目。

我们的客户通常每天都忙得团团转，我们的演示中有一张图片，是两个人忙得头顶起火，他们看到后点头轻笑，这有助于双方快速建立信任。然后我们讨论，帮助他们切实解决问题。

最重要的可能是当这些演示变成谈话时，我们取得了最好的结果。我们与客户沟通时，不是反复强调我们的解决方案多么优秀，而是更多地邀请他们参与讨论，我们在这方面做得越好，就越能提高成交的成功率。

——史蒂夫·斯特怀特（Steve Satterwhite）
Entelligence 创始人

图 5.9 鼓励合作

注意：Entelligence 提供免费商业价值分析，邀请客户参与其中。
来源：Entelligence。

利用具有说服力的故事框架，销售人员可以获得三个结果：学习（Learn）、感受（Feel）和行动（Do）。

学习：客户目前的状态不够好，需要改变（认同）。

你理解客户和情况，不用过多交谈，你就能说出他们心中所想，描述出他们的境况（认同）。你必须知道自己在说什么（强化实力）并提前做好调研（认同、差异化、强化实力）。

可能的新现实更令人向往。如果交易成功客户将获得巨大收益（认同）。

理性的回报非常清晰（认同）。

存在通往目标的途径，但是需要转变思维和行动（认同、差异化）。

正确操作，就可以收获成效（认同、强化实力）。

感受：客户目前的情况有多不如意——面临的挫败、麻烦和困难（认同）。

可能的新现实多么令人向往，能带来多少改变（比如金钱、成功、关注、解脱、幸福），甚至是对成功者的羡慕（认同）。

相信自己，你的产品或服务以及你的公司能帮助客户取得成效（差异化、强化实力）。

相信成效是可实现的，而风险是可承受的（认同、强化实力）。

行动：与你合作，共同创造新现实（认同、差异化、强化实力）。

绝对成交笔记
INSIGHT SELLING

核心内容

洞察销售不只关乎寻找和赢得机会，还包括推动改变：帮助客户改变现状，拥抱更美好的未来。

当销售人员讲述具有说服力的故事时，他们会带领客户踏上情感之旅。此时客户不仅能理解销售人员描绘的未来，还能感受和想象它。如果这种感受比现状给人的感受更好，客户就会想办法做出改变。

关键回顾

在创造具有说服力的故事之前，你必须回答3个关于客户的问题：我想要他们学到什么？我想让他们感受到什么？我想让他们做什么？

具有说服力的故事包括7个阶段：

关联——建立关系和可信度；

不满——说出目前存在的问题；

愿望——优化目标，塑造新现实；

对不满进行分层——点燃强烈的渴望；

突破——量身定制解决方案；

成果——展示成功案例，让客户"对号入座"；

行动——开启精诚合作。

关注可能回报与客户对损失的恐惧。如果你能帮客户看到不作为的负面后果，你就会变得更有说服力，更能推动改变。

利用具有说服力的故事框架，获得3个结果：学习、感受和行动。

第 6 章　合作：
你的独特优势是带来新理念和新视角

当某人成功向我推销一个理念时，我们的会谈是怎样的？我们的互动如此自然，虽然我清楚这是销售技巧，但我们真的像是在交谈。他们不仅是在向我销售产品，还与我一起解决问题。一小时后，我受到启发，想要实践这个想法，而不是觉得有人把它强加在我头上。

——伦纳德·施莱辛格

哈佛商学院教授、Limited Brands 前首席运营官

进行到 RAIN 模式三级别的级别三，销售人员就可以充分体现自己的价值（见图 6.1）。

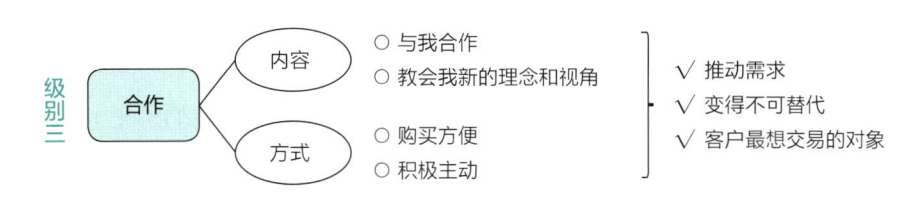

图 6.1　级别三：合作

在研究中，我们发现区分销售赢家与第二名的前两大因素是"教会我新的理念和视角"和"与我合作"（见图6.2）。当销售人员做到这两点时，他们不仅在销售有价值的产品或服务，他们本身就是价值。

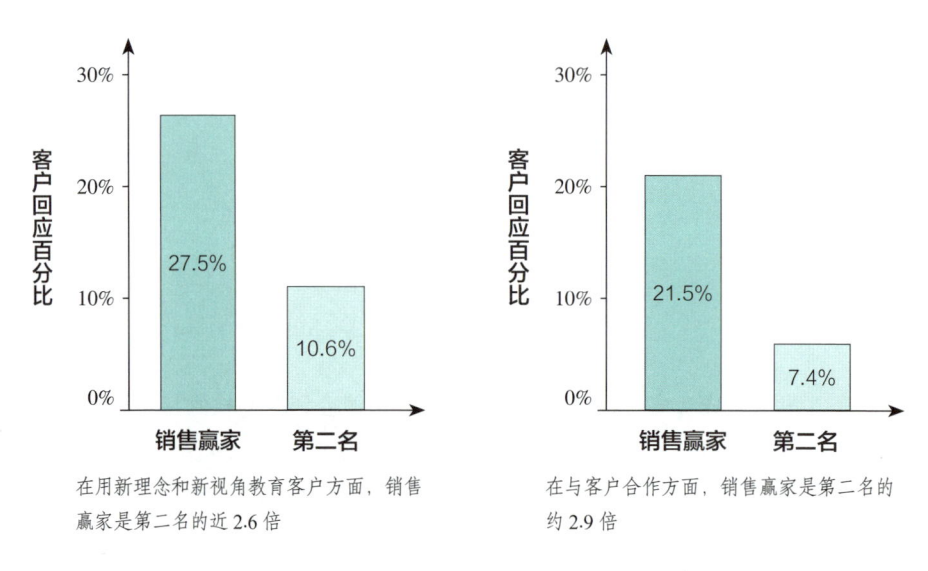

在用新理念和新视角教育客户方面，销售赢家是第二名的近2.6倍

在与客户合作方面，销售赢家是第二名的约2.9倍

图6.2 教育和合作

他们通过两种方式提供了价值：他们通过教育的方式直接为交易进程带来了新理念；他们与客户互动，让客户自己收获洞察。

高效能公司的业绩和利润增长是其他公司的 2~3 倍

过去几年里，我们见证了合作和教育这两个因素对成功销售的影响直线上升。在RAIN集团《高能效战略客户管理基准报告》中，我们研究了什么原因让这些公司从战略客户那里取得收入、利润和满意度增长，使其他公司望尘莫及。这些高能效公司在我们调研的373家公司中占17%。这些高能效公司的战略客户业绩增长了20%或更多，是其他公司的2.3倍；他们的利润增长是 20%，是其他公司的 3 倍（见图 6.3）。

高能效公司的业绩增长是其他公司的约 2.3 倍　　　高能效公司利润增长是其他公司的 3 倍

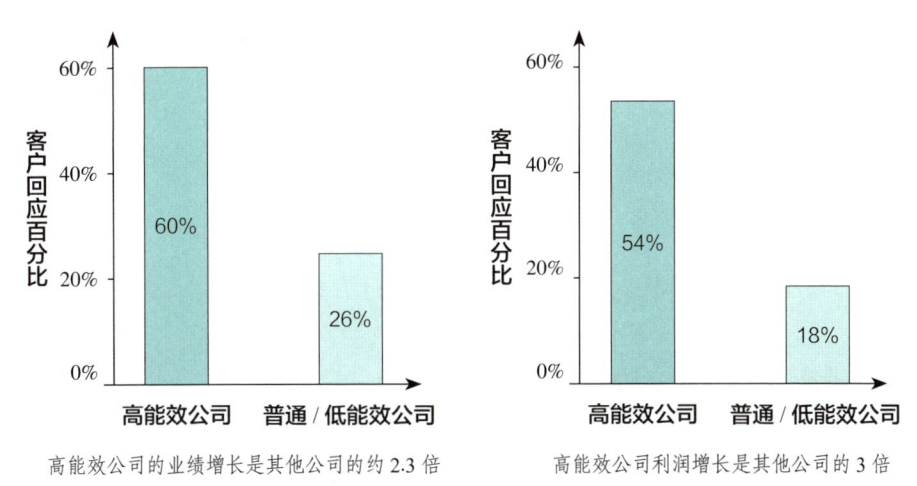

图 6.3　业绩和利润

这项研究最重要的一个发现是，这些高能效公司把与客户建立合作视为工作流程的一部分。高能效公司的领导知道合作的价值，因此会齐心协力确保合作能够系统性地展开（见图 6.4）。

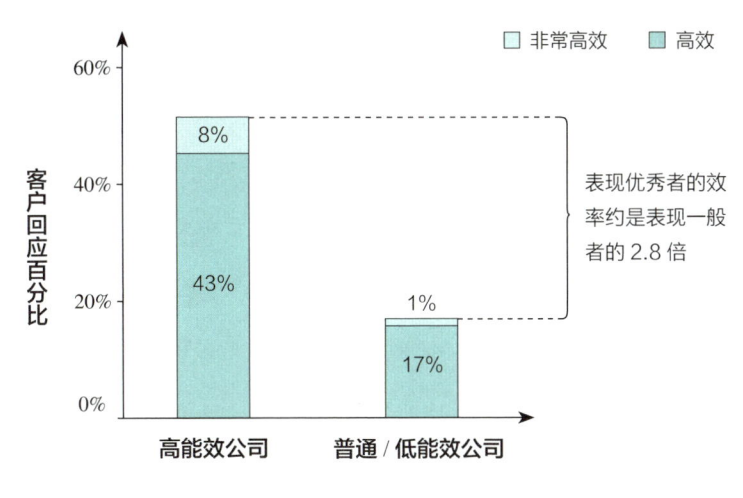

表现优秀者的效率约是表现一般者的 2.8 倍

图 6.4　与客户合作共创价值

无论合作是作为企业文化的一部分，还是销售人员主动与客户合作，效果都是一样的：销售业绩增长，利润更高。

延伸阅读
INSIGHT SELLING

合作中的因素

我们研究中的"合作"包括如下因素：

销售人员与客户互动中的合作

销售人员反应机敏。 当客户联系销售人员时，他们能快速且理性地回应，给出相当令人满意的答复。在我们与客户的交谈中，他们经常倾诉有些销售人员反应迟缓，就算给出答复，通常也不能解决问题。

正如一个客户所言："我与一个销售人员联系，通过电子邮件问了4个问题。他回复得很快，但是只回答了2个问题。这些人是不是都心不在焉？"

销售人员积极主动。 正如一个客户向我们描述的，客户认为积极主动的销售人员是"推动他们成功的引擎"。这样的销售人员不会被动等待客户咨询，而会积极主动地帮助客户取得成功。

销售人员利于交易。 销售人员让客户的购买过程顺畅无阻。一个客户说："我感觉我必须百般讨好才能与某些公司交易，这点令人沮丧。我希望他们简化交易过程。我知道销售人员必须付出努力才能达到这种效果，但是如果他们让交易过程变得尽量简单，我会从一开始就感觉我们是一个合作团队。"

除了在与客户的互动中合作，有些销售人员还会在交易的过程中与客户合作。

在交易的过程中合作

"教会我新的理念和视角。"如果销售人员这么做,客户会认为他们为自己的成功带来了具体的洞察,这会给销售人员带来独特的竞争力。

"与我合作。"客户声称销售赢家更善于合作,因为他们理解合作的含义——齐心协力实现共同的目标。

事实上,交易的过程中合作因素是区分销售赢家与第二名的最重要的因素。

合作型讨论比单纯推销有效 10 倍

猪大肠是可口的食物,是不是?它们出现在生意最好的餐厅的菜单上,小孩子们苦苦哀求着要吃。事实也可能不是这样,但是合作可以造就上述情形。社会心理学之父库尔特·卢因(Kurt Lewin)做了一个测试,被测试者是两组家庭主妇。他的团队先给第一组上课,告诉她们食用大肠的所有好处;他们还利用爱国主义精神对主妇们施加社会压力(吃大肠有助于战争胜利);他们甚至还请一些人现身说法,谈论他们多喜欢吃大肠,同时提供了很多方便易行的菜谱。

第二组参加了一场积极讨论。他们一起研究如何向其他主妇宣扬食用大肠的好处,劝服她们和家人食用大肠。她们畅所欲言,开展角色扮演,分享心得。结果令人惊叹:

◎ 合作型讨论组的成员中有 32% 的人回家后给家人做了大肠类食物。
◎ 第一组中只有 3% 的人回家后给家人做了大肠类食物。

合作讨论比单纯推销有效 10 倍。如今，购买和销售已经发生了巨大的变化，但不论多久，人性的这个基本特点不会变。一起合作，鼓励参与，你一定会取得成效。

让客户积极参与解决方案的形成过程，没有什么方式能比这更好地为他们带来成效。

——伦纳德·施莱辛格
哈佛商学院教授、Limited Brands 前首席执行官

在合作中，销售人员可以创造的 6 大价值

客户希望与销售人员建立关联，即使销售人员建立关联的努力不会每次都成功。客户表示，当销售人员主动了解他们的需求，提出具有说服力的解决方案时，或者销售人员善于倾听，表现得十分讨人喜欢时，他们都不会感到惊讶。客户希望销售人员说服他们。客户告诉我们，他们认为销售人员有义务告诉他们购买的原因，他们没有说所有的销售人员都善于这么做，但他们仍希望销售人员能够告诉他们购买的好处。

然而，客户并没有奢望销售人员与自己合作。事实上，在与我们交谈的决策者中，职位越高的客户越希望销售人员与他们个人和团队合作（但是很少实现）。

合作发生时，销售人员：

深化关系和信任。当客户和销售人员增加互动的频率和深度时，信任和关系强度会提高。

深化对需求的理解。当客户和销售人员合作时，他们会更加深入地

了解各自的业务，对彼此更深的认识会取代表面的了解。互动合作的深度需要增加对真实需求的了解，而且客户需要确认销售人员了解情况。

提高解决方案的质量和可操作性。合作增强了解决方案的效果，因为对需求更深的了解会成就最有效的解决方案。

激发洞察和创新。合作行为本身会激发创新，探索新方式以取得期望的效果。

帮助客户看到销售人员之间的差别。只有极少数销售人员能教会客户新的理念和视角，只有极少数销售人员能开展合作，创造洞察。当销售人员做到这些事情时，客户就会注意到。这时，销售人员不仅销售有价值的产品或服务，他们自身也会成为价值。这点会让他们脱颖而出。

为客户建立心理所有权（Psychological Ownership）。销售人员越多地与客户开展合作，新思想的所有权就越多地从销售人员那里转移到客户那里。这点会强化客户对行为重要性和迫切性的认识。

前5点浅显易懂，而第6点在销售界则很少被讨论，然而对于购买有着非常大的影响（因此对于销售也很重要）。

心理所有权对客户潜意识的影响

回想下本章开头伦纳德·施莱辛格的故事。我们假设销售人员与施莱辛格约定会谈，把一个新思想介绍给他。一开始，这个思想属于销售人员，等会谈结束时，这个思想和行动安排就属于施莱辛格了。

思想的所有权从销售人员身上转移到了客户身上。这种所有权指的不是拥有某种产品，而是一种心理所有权，或者认为"某个东西属于客户"的认识。

心理所有权的成因如下：

控制感（Perception of Control）；

知识的深度（Depth of Knowledge）；

自我投资（Self-investment）。

这三者都是合作的结果。当客户参与到洞察和行动的形成过程中时，他们的控制感也会增强。当他们深度参与一项工作时，他们的知识会得到深化。他们投入的时间和精力越多，就越觉得自己掌握了机会。合作对于形成心理所有权十分关键。

开展合作才能为客户建立心理所有权，而心理所有权对于购买过程中的两个主要阶段至关重要：

考虑：当销售人员希望客户考虑一个想法时，他们必须让客户考虑将这个想法付诸行动。一旦客户想付诸行动，这个想法的所有权就从销售人员身上转移到客户身上，客户越是认为这个想法值得实施，就越能感受到心理所有权。如果客户感受不到对这个想法的所有权，它就只能停留在考虑阶段。

选择：如果购买过程中有几家供应商可供客户选择，销售人员成功让客户青睐自己就变得特别重要。如果客户在分析情况和形成解决方案时得到了帮助，他们会觉得提供帮助者非常亲切，对于特定的解决方案和供应商会更加认同。有时销售失败不是因为竞争，而是因为客户犹豫不决。销售人员越能让客户参与到购买过程中，客户就越想推进购买过程，销售就越有可能成功。

2 个关键让客户重视你提供的机会

在过去 30 年中，推销（Pitching）在很多销售圈中屡受诟病。推销的特点和好处在 20 世纪 70 年代的销售中非常重要，但是在更加复杂的销售过程中，销售人员往往更强调提问、倾听、形成定制方案，同时减少任何形式的推销。

但是，正如我们在上一章所描述的，销售赢家善于利用具有说服力的故事框架为客户介绍新思想和新机会。如果把这称之为推销也无可厚非。但是，光靠推销显然不够。

这就是为什么具有说服力的故事框架的最后一步是邀请客户合作。故事可以吸引读者，激发他们的联想，而联想只是把想法变成行动的开始。

有两个关键要素，可以让客户更加重视你提供的机会，即渴望和心理所有权：

渴望：他们必须得到你提供的产品或服务。

心理所有权：你必须挑明他们甚至还没察觉到的情况，并且让他们深信"我需要改变这点！"。

具有说服力的故事能够激发客户的渴望，心理所有权则来自合作。

我们成功签下一项大型健康计划的订单。销售过程长达 9 个月，这笔订单对我们意义重大——我们的业绩将增加大约 55 亿美元。客户签单的决定很大程度上取决于我们表现出来的合作诚意。在这样一种长期的业务关系中，为了更好地合作，客户希望我们双方的企业文化能够和谐相融，希望我们能够合作共赢，并且有创新精神。这些方面无法用 PPT 进行传达，它们需要亲身经历。光靠一次会谈无法实现这个目标。客户会在长达 9 个月的时间里观察我们的表现。

——杰夫·帕克
Catamaran 执行副总裁和首席财务官

引导：成为推动需求的发起者

当客户推动需求时，合作同样有效。他们可能已经决定要爬山（他们自己制订了计划），但是他们通常还没有选好通往山顶的路（他们没有形成具体的计划）。他们等着与销售人员互动，向他们学习。根据信息技术服务营销协会（Information Technology Services Marketing Association）的数据，70%的客户在做决定以及筛选方案和供货商之前，希望征求销售人员的意见。

试想一下，客户正在引导一次可能的购买过程。她联系了 3 个供货商，其中 2 个跟她交谈过，然后分别给出了方案；而第 3 个供货商告诉了她不同的方法，然后与她一起设计具体的操作细节。在这个过程中，销售人员询问客户的目标、愿景，以及对不同可能性的了解情况等。销售人员还帮忙填补了客户的知识空白，告诉她哪种方案可能最有效。即使 3 个供货商提供了相同的解决方案，你认为客户会最喜欢哪一个？

Bright Horizons Family Solutions 的雇主服务部行政副总裁桑迪·韦尔斯以及她的团队通常会与他们的客户开展长达 12 ~ 18 个月的合作，帮助他们弄清楚公司为什么应该设立早教中心。她说：

我们知道，由于费用较大，我们大部分的项目在早期需要竞标。如果我们对提交到公司内部的建议邀请书（RFP）毫无所知，情况就会非常不妙。在客户提出建议邀请书之前，我们应该负责教育客户，我们希望引导这个过程。这样，项目的执行会更顺利，对于客户来说也是一种成功。

我们帮助他们理解需求、空间要求和成本等。我们告诉他们其他竞争对手会说什么，比如核心经济推动因素，以及我们的回答。在正式的建议邀请书提交之前，我们会让客户问我们许多问题，因为建议邀请书提交之后，客户会因为采购而错过这种富有成效的交流。

善于建立合作的 5 个常见特征

在销售过程的各个阶段，我们观察到最善于合作的销售人员有 5 个常见的特征。

1. 他们能让客户做好合作的准备。 在与客户见面之前，销售人员就应该为合作打开大门。例如，你可以在约谈客户时，分享一些你认为对他们有价值的想法。由于你的想法尚不完善，你需要与客户一起推敲。这就为他们加入合作打开了大门。

首次会面应该以合适的介绍和期望开场，包括邀请客户随时提出问题和想法。重点是邀请客户积极参与，而不是被动接受推销，然后决定买还是不买销售人员推销的产品或服务。

> 如果销售人员没有邀请客户参加讨论，就擅自得出诊断结果和解决方案，我觉得这种做法有问题，非常天真。
>
> ——伦纳德·施莱辛格
> 哈佛商学院教授、Limited Brands 前首席执行官

2. 他们会征求客户的想法。 当销售人员创造机会时，他们通常会犯过度

推销的错误，因此没有去帮助客户创造心理所有权。销售人员应在讨论开始时，甚至在呈现具有说服力的故事时，停下来要求客户分享自己的想法。比如，销售人员可能会说：

这是发生在我另外两个客户身上的故事。根据我们目前为止的讨论，试想一下，假如你6个月前做过相似的努力，现在会看到什么效果？会产生什么影响？

你提到，周转周期缓慢和生产问题增加是你们面临的主要矛盾。这点如何影响了你们的业绩？提升周转周期和减少生产问题将带来什么样的影响？

基于上述情况，如果你改变营销策略，我们认为你们的收入将提高20%。但同时我们也清楚，虽然大多数公司想要实现这样的收入增长，但他们对最终结果仍然半信半疑。这点为什么行不通？我们可能会面临怎样的困难？

在我们销售培训过程中，大部分人都对上述最后一条提出疑问："这样的问题会不会给销售造成障碍？"答案是否定的。客户希望销售人员所说的改进是可能实现的，但他们也会认为风险太高。让他们以自己的方式讨论可能存在的困难，销售人员就有机会解决它们。如果这些困难隐藏在客户心里，持续发酵，销售就会失败，而销售人员可能连原因都不知道。

请客户回答问题时，销售人员可以分享这些问题在别的地方是如何被解决的。销售人员可以问客户："让我们来分析下这些困难，我们应该如何解决它们？"帮助客户打开思维，很多客户在思考解决方案时，就会感到茅塞顿开了。

3. 他们会问颠覆性的问题。洞察销售是一个过程，销售人员邀请客户多思考，把他们推出舒适区，直面问题的核心。正如第 4 章提到的，颠覆性的问题可以起到这样的作用。面对颠覆性问题，如果客户不能给出令人满意的答案，销售人员就能帮助他们意识到现状不太如意，他们需要转变思路，需要积极采取行动。

4. **他们与客户共同规划前进的道路**。大多数销售人员不会只卖一种产品，其中很多人非常灵活，可以将服务、产品和配送自由组合。当客户对解决方案有所贡献时，他们的心理所有权意识会增强，想要看到方案变成现实的意愿会变得强烈。

销售人员可能会说："根据我们讨论的，我认为现在这样做比较好，但我们在一些细节上还有些分歧。你之前提到过方案实施起来有难度，你认为我们还要做些什么，才能让方案成功实施？"客户可能会回答："这个问题有点棘手。根据我的经验，最佳的做法是……"

5. **他们量化标准**。在量化标准之前，销售人员不应该询问客户如何再进一步。"你认为我们现在应该做什么？"这个问题开放性太强。客户可能对做什么毫无头绪，也可能会做出不太好的选择。如果销售人员能够从全局出发提供最佳方向，然后与客户一起制定具体方案，这样才能取得最好的效果。

行动路径：促成销售会谈的 5 个阶段

想象一下，几个人坐在会议桌前进行商务会谈。大家都在发表意见，但没有实质变化，没法统一思路。如果会谈到此结束，情况将毫无进展。

突然，有人拿起一支马克笔走向白板，开始提问："我们后退一步，首先，我们现在想实现什么目标？我们如何明确这个目标？我们为什么认为它会实现？我们过去是如何做的？哪些做法有用？哪些做法没用？我们还能做哪些工作来实现我们的目标？"然后会谈继续进行，最终会产生更有价值的结果。

我们称这种熟练挥舞马克笔的人为领袖。他或她可能并没有身居领导职位，但是可以把会谈导向有价值的方向，激发每个人的思维，鼓励大家采取更具影响和更有价值的行动。当销售人员这么做时，他们熟练地促进合作型集体讨论，他们真的会脱颖而出。不幸的是，很多销售人员并不擅长引导和推动讨论。

你的准备非常关键。如果你将与一个行政主管会谈，你不一定非得博学强识，让他刮目相看，但是你必须有所准备。你将如何开展会谈？你想达到什么目标？你将如何开始？为了确保会谈成功，你做了哪些准备工作？你能够在多大程度上主导会谈？

——杰夫·帕克
Catamaran 执行副总裁和首席财务官

销售赢家非常擅长开展这类会谈。虽然关于推动会谈的经验很多，但很少有针对销售人员的：聚焦于销售人员面临的情况，他们要解决的问题。

几年前我们根据切身经验，总结了一套简单的框架，可以帮助销售人员和客户经理成功开展销售会谈。这套框架叫作行动路径（PATHS to Action），行动路径列举了高效会谈的 5 个阶段（见图 6.5）。它覆盖了大多数销售情形中的基础要素；它也很简洁，可操作性强，销售人员可以迅速实践。

P——前提（Premise）：现在（Present）、问题（Problem）、可能性（Possibility）或困难（Paralysis）。

P 是会谈的前提，通常是以下几种：

◎ 让我们一起解决一个问题。

◎ 让我们探索某种可能性会带来的好处。

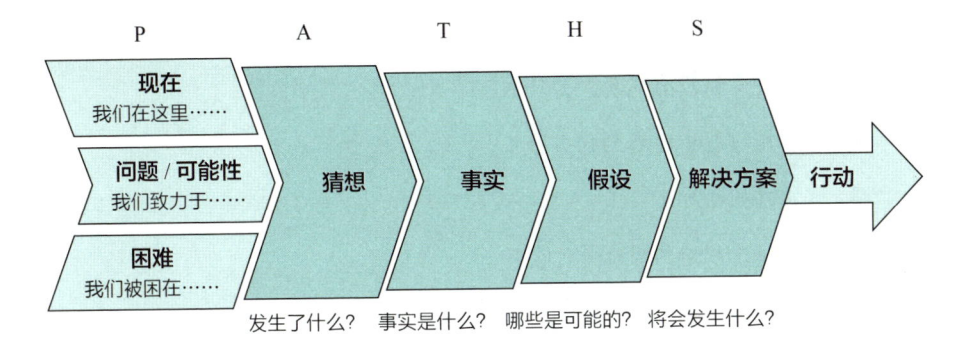

```
         P            A         T         H          S
    ┌─────────┐
    │ 现在    │
    │我们在这里…│
    └─────────┐
    │问题/可能性│  ┌──────┐ ┌──────┐ ┌──────┐ ┌──────┐ ┌──────┐
    │我们致力于…│→ │ 猜想 │→│ 事实 │→│ 假设 │→│解决方案│→│ 行动 │
    └─────────┐  └──────┘ └──────┘ └──────┘ └──────┘ └──────┘
    │ 困难    │
    │我们被困在…│
    └─────────┘
                 发生了什么？ 事实是什么？ 哪些是可能的？ 将会发生什么？
```

图 6.5　行动路径

◎ 我们被困在某处：让我们突破困境。

◎ 让我们一起谈论现在的情况，分析我们的处境，并且探索我们是否想去别的地方（以及我们该如何到达那里）。

在会谈开始时陈述前提，然后确保大家就会谈的原因和打算采取的行动取得一致意见。虽然这看起来无关紧要，但实际上非常重要。努力建立 P 的正确框架可能会占用 10% 的会谈时间。但是，如果一开始没有做好，接下来的努力都将是徒劳的。

A——猜想（Assumptions）。行动路径会谈的第一个讨论阶段：在团队内部组织猜想。

大范围地提出开放性问题，可以推动会谈进行。会议主持人可以问一些问题，让所有相关细节都能被公开讨论。以下问题可供参考：

◎ 发生了什么（关于讨论的话题）？

◎ 遇到了什么挑战？

◎ 我们为什么要做这个？

◎ 过程中有哪些人非常关键？

117

- ◎ 我们过去做了哪些工作？
- ◎ 过去的尝试没有成功，为什么？
- ◎ 在实施过程中会遇到什么困难？
- ◎ 客户在担心什么？
- ◎ 我们想要规避的风险是什么？
- ◎ 什么阻止了我们前进？
- ◎ 我的直觉告诉我应该怎么做？

这个阶段的目的是让销售人员充分了解某个问题，销售人员此时不应评判别人的观点。如果有人说"我不同意这点"，销售人员也不要立刻反驳他。此时销售人员也不应过度讨论细节。销售人员需要把对于各种观点正确与否的讨论放置到下一个阶段。

销售人员避免让自己的想法先入为主，观点要鲜明但不要过于武断。在把事实都摆明之前不要试图解决问题（这是下一阶段的任务）。在更进一步之前，销售人员的目标是把所有隐含的想法、恐惧和心理障碍都摆到桌面上。之后销售人员决定哪些是真实的，哪些是虚假的或站不住脚的。

有时，即使客户认为他们已经完成了猜想环节，但再问一两个颠覆性的问题仍会带来额外收获。比如销售人员可以反问："我感觉有件事大家都似乎想说，但又不便启齿，是不是？"

当然，只有销售人员感觉有重要的问题没有被提及才需要这么问。此外，还有一个问题可以引出客户潜在的疑虑："如果高管层最挑剔的人在这个会议室里，他觉得我们无法实现目标，并且给出了理由，他会怎么说？"当大家站在他人角度重新思考时，他们得出的想法会令人惊叹。

谨记，会议主持人的任务是引导大家说出所有的想法，以便在下一阶段进行筛选。

T——事实（Truths）。当然，并非所有的猜想都是事实。梳理猜想清单时，销售人员需要将事实从直觉、企业神话和个人偏见中筛选出来，还需要过滤掉所有不重要的细枝末节。

通过这个过程，销售人员会获得与 P（前提）相关的基本事实。这时销售人员的任务是概括真实发生的状况，并且简明地做出总结。

会议主持人的职责是深入分析猜想——它们是不是真的？"我们真的有必要考虑这点吗？""你是怎么知道的？""这个猜想有数据支撑吗？"销售人员需要非常谨慎，不要忽略真正与猜想相关的事实，也不能混淆事实和经验之谈。

在寻找事实的过程中，销售人员会把重要信息筛选出来，写在白板上的 50 个猜想将会减少到 10~12 个（甚至更少）。这个筛选过程很有必要，它能把长得令人生畏的猜想清单大大缩短，让操作性更强的重要事实凸显出来。

销售人员经常会发现，一些猜想和事实难以分辨。此时，销售人员通常需要委派人手去查明真相。"行动路径"通常在一次会谈后就能见效，但是有时需要经过几次会谈才能采取行动（比如当有些事实需要证明时，还有些话题本身就需要更多的时间来研究）。

H——假设（Hypotheses）。一旦会议主持人公开了所有相关和已经证实的事实，接下来就可以分析可能的行动及其结果了。

此时会议主持人不应保持态度中立，而应切换回销售人员身份，与会者希望销售人员提供几种备选方案。当然销售人员在这个阶段的引导必须坚定有力，想要做到这点，在做什么和如何做方面，销售人员一定要与客户开展合作。

到达这一阶段后，销售人员不能只列举可能性，不能只说"我们可以这样做或那样做来解决我们的 P(困难)"，这样远远不够。正如"假设"这个词的真正含义那样，为了表明立场，销售人员需要贡献一些想法。

"如果与营销部门合作，我们将提高服务品质，并加快速度。"

"如果增加陌拜（Cold-call）数量，我们将提高服务品质，并加快速度。"

"如果把推介外包，我们将提高服务品质，并加快速度。"

当然，所有这些假设都是根据前一阶段的事实得出的。此时，10条事实通常可以让销售人员写满整整一白板的假设，但是其中最多只有3到5条最能吸引人。

延伸阅读
INSIGHT SELLING

价值关联和价值共创

形成方案有两种方式：

价值关联：探索销售人员能如何利用现有销售资源（如产品或服务）提供价值。

价值共创：与客户合作，构想创造价值的新方式，不局限于常规的产品和服务形式。

两种方式都蕴藏着有待挖掘的机会。

S——解决方案（Solutions）。当销售人员形成了一系列假设，它们可能会解决P（困难）时，销售人员需要再仔细推敲一下，其中哪个或哪几个对于客户的P(困难)最有效。这个过程可能也需要一次或几次会谈才能完成。

真正的困难在于帮助客户规避那些无效的或不那么有效的解决方案。把解决方案清单进行排序，观察哪些更科学，讨论它们的利弊。销售人员这么做的时候，也要邀请客户参与进来。假设考虑了3种方案，但是销售人员知道其中一种不能帮助客户取得预期成果。此时销售人员需要站出来说:"这个方案的力度不够,不太适合。原因是这样……"如果客户团队中有人能先说出这番话,效果会更好。

一旦达成共识,认为某种方案是解决问题的最佳行动路径,那么销售人员应积极推动客户摆脱目前的处境,设计出具体的行动指南,把方案变成现实。会谈双方决定好行动指南后,明确责任与义务,采取积极行动。

绝对成交笔记
INSIGHT SELLING

▌核心内容

当销售人员与客户合作时,销售人员要成为价值定位的核心要素。

通过促进合作型会谈,销售人员会使客户更坚定地支持他提供的解决方案,因为客户拥有了对方案的心理所有权。

▌关键回顾

想要成为价值的核心组成部分,你需要效仿销售赢家的做法:教会客户新的理念和视角,与客户合作。

与客户互动时要保持合作的心态,请采用如下做法:有问必答,积极主动,易于交易,教会客户新的理念和视角,与客户合作谋求一致的目标。

合作型互动比单纯推销更有效。

与客户合作时,你会加深彼此的关系和信任,增强客户对需求的理解,提高方案的质量和可行性,激发洞察和创新,帮助客户看到你的独特优势,建设客户的心理所有权。

当客户拥有了心理所有权时,他就会在购买过程中考虑和挑选你的方案。

当你推动需求时,有两个因素会让客户更青睐你:渴望和心理所有权。具有说服力的故事会开启合作,通过创造心理所有权(和增加信任),客户更容易与你合作,从而推进销售的进行。

当客户推动需求时,合作同样有效。客户可能已经有了做出改变的想法,但是还没有形成具体的方案。客户与你互动,并且向你学习。

为了成功与客户合作,你需要先让客户做好合作的准备。询问客户的想法和观点，提出颠覆性的问题，与客户共同规划前进道路，量化标准。

利用行动路径框架促进与客户的合作型会谈：

P——前提：现在、问题、可能性或困难（开展会谈的原因）；

A——猜想（行动路径的第一个讨论阶段是征集团队成员的猜想）；

T——事实（梳理猜想清单时，将事实从直觉、企业神话和个人偏见中筛选出来）；

H——假设（分析可能的方案以解决困难）；

S——解决方案（仔细推敲可能的解决方案，分析哪个或哪几个会产生最大的影响）。

第 7 章　信任始终是洞察销售成功的关键

回想一下你之前愉快的购买体验。可能是修剪你家草坪的工人带给你的，也可能是草坪修剪机卖家带给你的，还可能是那个过来帮忙的电缆修理工带给你的，他主动花了 20 分钟跟你解释情况。

这些购买体验之所以愉快，是因为里面有互动，他们总会说"你想过这点吗？""你那样做可能行不通"，或者"我认为这个尺寸不适合你，那个比较合适"。这难道不是很好理解吗？你想理解自己购买的产品或服务，你相信这些人的建议，所以愿意成为他们的忠实客户。我们就想成为他们那样的人。

我们努力与客户建立良好的关系，我们努力为客户做好安排。为什么？因为这样做很有效。

——格里·卡迪（Gerry Cuddy）
Beneficial Bank 总裁和首席执行官

洞察销售想要取得成功，信任至关重要。客户对销售人员的信任来之不易，他们的沟通有时会非常艰难。想要重塑客户的思维、影响客户的行为，销售人员必须引导他们走出舒适区，踏入更有风险的领域。对客户而言，离开舒适区并不容易，就算他们决定要冒险，也希望能与信任的人一起前行。

回到我们的研究报告中被引用最多的那份清单：区分销售赢家与第二名的十大因素。然而，在研究报告没有显示的那些数据中，也潜藏着一个重要的因素，那就是信任，它始终是销售成功的关键。

在我们的研究中，信任是培养客户忠诚度的重要因素之一，也是销售赢家的特质之一。而且，当客户不信任销售人员时，他们最有可能更换供应商。

有些人认为只有小部分销售人员不能取得客户的信任，请看我们的调研数据：客户对大约40%的第二名（客户没有选择的销售人员）表示不信任。

当我们与销售人员讨论信任问题时，他们通常会说："我的客户很信任我，我值得信赖！"销售人员总感觉客户很信任自己，但是再仔细思考一下，他们中大部分人会同意，他们在赢得客户信任方面还可以做得更好。

本书讨论的不仅是销售，更是洞察销售。这就引出了两个问题："信任对于洞察销售有什么作用？信任和洞察如何互相作用？"

只有客户信任才能实现的 5 个神奇效果

事实上，客户越信任销售人员，就越愿意接受销售人员的建议。有些销售人员不考虑与客户建立信任关系，只专注于提供建议，尽力说服和积极跟进业务，他们经常会发现自己的努力摇摇欲坠，像座毫无根基的房子。

信任随着时间的推移而加深，终将出现神奇效果：

1. 信任赋予你直接的影响力。 假设你与某人共事了几十年，你们一起经历过风风雨雨。因为这个人的努力，你取得了几次最大成功。你们可能并不经常联系，但是如果有天你收到他的邮件，"几周前我看到了一个产品，我觉得你可以考虑一下。"你当然会认真考虑。如果你给这个人发去同样的邮件，他也会认真考虑。

2. 信任赋予你间接的影响力。 假设和上面同样的情形，只是这次一直与你共事的人问你："我知道你跟你们欧洲分公司的老总很熟，几周前我了解到这个产品，我猜他们可能愿意考虑。你是否帮忙引荐一下？"如果你们之间信任程度很高，提问者一般会得到肯定的答复。

3. 信任会让你的建议被采纳。 如果其他人信任你，他们就更有可能采纳你的建议。如果你过去有27次告诉某人"这很有效，这笔交易不错"。结果都证明你说得没错，那么这个人很可能会接受你的第28次建议。只要信任程度够高，即使你建议的产品或服务很另类，没有经过试验，你的建议仍会非常有分量。

4. 信任让你被选中。 向客户提供同样产品或服务的供应商有好几家，你刚好是其中一家，客户越信任你，就越不可能选择其他供应商。

5. 信任是在艰难对话中获得成功的基础。 假设一个与你共事多年、你也非常信任的人对你说："你可能不想听这个，我知道你一直认为A方案最好，也已经投入了很多，但是我必须告诉你它并不可行，事实上，它非常糟糕。"

你可能会辩解，会感到不快，甚至会反击。但是你会充耳不闻，直接把这个人赶出会议室吗？可能不会。即使你非常不愿听到这些话，你还是会倾听，甚至可能（至少在最后）会感激这些话。如果这个人见多识广，处处为你着想，你就更可能会倾听。

再做个假设，一个你刚碰到的人以同样的方式对你说了同样的话，你不认识这个人，你不知道他是否了解你的行业、商业策略，以及与决策相关的其他信息。你很可能会充耳不闻，直接把这个人赶出会议室。

同样的情形，同样的内容，不同的信任程度，不同的结果。

构建信任的 3 个核心因素

信任由这 3 部分组成：能力（Competence）、正直（Integrity）和亲密度（Intimacy）。

能力：做好这 4 个方面

如果客户相信销售人员的能力，他们就相信销售人员能说到做到。

大多数销售人员认为并声称自己公司的产品和服务的质量是最好的。一些咨询顾问承诺，他们的洞察和创意将给企业带来革命性的变化，但事实证明，他们的洞察少得可怜。所有销售人员都声称自己善于销售，但事实上，有些人比其他人做得出色得多。

客户需要从一堆信誓旦旦的假话中分辨出有价值的信息。客户可能总是半信半疑，他们有过盲目信任而失败的交易经历。销售人员可能会说自己能做某事，也确实可以做到，但要让大多数客户相信你，还需要做大量的工作。

举个灯泡的例子。客户的预想是把它买回家，装进灯罩，一通电，它就能发光。但是，并非所有的产品或服务都能像客户预想的那样起作用。你有没有买过那种你觉得一定能起某种作用的产品，但实际上根本不起作用，或者不如预想中那样好？

站在消费者的角度思考这些问题非常自然。因为我们明白有些东西效果显著，有些效果甚微，还有些则根本没用。有的厨师善于烹饪，有的厨师根本不会做菜。有的医生能够给出正确的诊断，而有的医生就是做不到。那些能够起作用的产品和提供令人满意的服务的专业人士，他们就能满足信任框架中的能力要求。

仅让客户信任产品和服务还不够，他们还需要信任你这个销售人员，并相信你有能力做到销售人员能够做到的所有事情，包括在需求和解决方案之间建立关联，给出中肯的建议，为交易过程带来有价值的观点，让购买过程变得简单，以及帮他们避开方案执行过程中的障碍等。

> **延伸阅读**
> INSIGHT SELLING

客户是否信任销售人员提供的信息？

事实上，客户的确信任销售人员提供的信息，甚至比对同行提供的信息更加信任。ITSMA 针对客户对于信息来源的信任情况做过调研，询问客户认为哪种信息来源最可信。"技术或解决方案提供商的销售代表"在 16 项可信指标中排第 4，"技术或解决方案提供商所在领域的专家"排第 1，"技术或解决方案提供商的网站"排第 2。总计下来，销售人员在 4 项最值得信任的信息来源中占据了 3 项。

紧紧排在"技术或解决方案提供商的销售代表"之后的是客户的"同行/同事"，之后是"管理咨询公司"（比如麦肯锡、贝恩，以及其他规模小但专业性强的咨询公司）。

如果销售人员想让客户信任自己的能力，则需要做到以下 4 个方面。

1. 做到知识渊博。我们将在第 8 章详细描述洞察型销售人员的基本特征，现在我们可以简单说一下。客户可能会信任你提供的产品或服务，但是，如果你没有展示自己知识渊博的一面（清楚了解双方的行业、他们公司的情况、你的产品和服务、竞争情况和购买过程等），他们仍不太可能信任你的指导——而你的洞察销售策略需要得到他们的信任。

正如 Bright Horizons 首席执行官戴维·立西所说：

当事情发展到最后一步，需要我出面做最终决定时，销售人员肯定早就浏览过我们的网站，了解我们所做的工作，分析过我们的商业模式，并仔细思考过他们的解决方案将如何帮助我们解决问题了。如果他们没有做好上述工作，他们不会有机会与我面谈，我们团队中的其他成员早就把他们赶出去了。

能让我认真对待的销售人员，会具体告诉我如何提高收入和增加价值。他们的认真和专注是事先没去了解情况的销售人员无法企及的。即使他们错了，或者没有完全切中要点，他们的努力也会被我看到。

2. **了解你的产品或服务能带来的冲击力**。对于你推荐的任何事物，你都必须回答"为什么"。一方面，每一条建议都应该包含理性的冲击力——投资回报率；另一方面，无论你销售什么产品或提供什么建议，通常都会为客户带来情感上的冲击力。

你销售的东西价格越高，就越有必要从财务角度讨论其对客户业务的冲击力，而且要以自然的、满怀信心的态度来讨论。有些销售人员不清楚利润情况，不清楚如何为客户筹谋，他们不懂得如何有力地解释和表达自己的观点。如果销售人员不善于表达观点（特别是在涉及利润时），客户根本不会跟他们交易。

正如 Beneficial Bank 总裁和首席执行官格里·卡迪所说："很多金融服务行业的人通常不愿谈论利润。如果你提供的是金融服务，却羞于谈论利润，你就不太可能为客户提供有价值的建议。一定要做到自信大方地谈论自己从事的行业和利润。"

目标管理集团（Objective Management Group）和 RAIN 集团对 8 500 家企业的 500 000 名销售人员进行调研，证实了卡迪的观察，50% 的销售人员羞于谈及利润。

你的冲击力一定需要经得起检查和测试，你希望客户了解潜在的机会，并且认为"这能起作用，我们能取得这些成效"。如果客户做不到这些，就算客户能理解你刚刚所说的冲击力，他们也会因为半信半疑而不愿采取行动。

3. **形成你的观点**。你可能认为这点无须多谈，但事实并非如此。很多人因为个性、习惯、偏好或其他因素，不愿或不能形成并坚持自己的观点。

如果你觉得形成观点有难度，那么你需要加把劲。如果形成观点让你感觉不适，如果需要在某事或某个观点上站队让你难堪，那么你在实施洞察销售时一定会遇到阻碍。你难道不想打消客户心中疑虑吗？例如"他们在想什么？""他们补充了什么？""他们为什么不参与？"等。

优秀的洞察型销售人员都善于影响客户。你可以通过有力的问题和提问推动改变并影响他人，如果你在时机成熟时不去鼓励客户采取行动，你就无法充分发挥影响。

4. **具有说服力地表达你的观点**。形成个人观点和了解产品或服务的冲击力是一回事，而强有力地把它表达出来是另一回事。你必须问自己："如果合适的人就在这个房间里，他们跟我说：'如果你想成交，说服我！'我是不是很清楚该怎么做？"

你能做到吗？你能讲述具有说服力的故事吗？你能用敏锐的、有挑战性的问题打破现状吗？如果你没有做好影响客户的准备，就很难通过洞察销售取得成效。

延伸阅读
INSIGHT SELLING

故意唱反调的效果不如真心不同意

如果你想成为洞察型销售人员，就必须愿意表达异议。正如著名说服专家罗伯特·恰尔迪尼（Robert Cialdini）所说："社会心理学家早已知道，原本意见统一的团队中如果出现了一个持不同意见的人，团队内就会产生更多的创意和深度思考（洞察！）。但是直到最近，仍没有多少人研究这种异议的特征。"

他认为，在影响思维和鼓励创意方面，故意唱反调的效果不如真心不同意。在后一种情况中，持不同意见的人经常直言不讳地表达异议。因为如果有人真心反对某种观点，别人会对他为什么这么坚决感到好奇，进而想了解更多。

故意唱反调、为了反对而反对，甚至可能强化别人的观点，因为他们会觉得自己成功守住了自己的原则。

如果你持有不同意见，而对方对你相当了解并且非常信任，你就不用太过担心如何表达自己的看法。你只需说："我强烈建议你考虑其他办法。"因为这个人信任你（达到我们所说的信任标准），他知道你有能力，也清楚你时刻为他着想，像了解自己一样了解他。但是，如果你刚认识某人，你虽然还是应该坚持自己的立场，但不要表现得过于自大和以自我为中心。

你还要注意对事不对人，这样别人就会愿意倾听你说的话。

正直：每一次都能说到做到

有句话虽然老套但仍有道理："销售人员应以客户的成功为重，不能伤害客户利益，而应该只销售他认为对客户有益处的东西。"

销售人员可能会想：客户从不怀疑我的正直。

但事实上，客户在了解销售人员之前仍会有所怀疑。客户过去遇到过这种情况，销售人员声称处处以客户利益为重，然而后来的事实表明他们从没想过解决问题，销售动机不纯，也没有履行承诺。

因此，即便销售人员很正直，也需要通过每次的具体销售过程让客户感受到这点。

正直的销售人员有着坚定的道德原则，总是信守承诺。

1. 坚定的道德原则。 在面对道德两难的情况时，客户需要相信销售人员能够用正确的理由去做正确的事情，这就是坚定的道德原则的含义。

正如Beneficial Bank总裁和首席执行官格里·卡迪与我们分享的，销售人员的道德会帮他赢得客户的信任：

> 愿意说"我做不了这个，原因是这样……"和"我们不能为你做这个，但是那个人可以"，这能帮助我们赢得客户的信任。例如，我们商业借贷团队的一个同事接待了一个大客户，客户有笔很大的订单，但是这笔订单超出了我们银行的能力范围，所以他告诉客户："我认为你现在的做法没错。如果我在你的公司，我也会这样做。我想把你引荐给另一家银行的负责人，因为他在这个领域有着40年的经验，他比我们更了解这种交易类型，我希望你能直接与他联系。我会提前给他打电话告诉你会去找他，到时我希望你会问他这些问题……"这个客户与另一家银行成交了，但从此以后，他在和我们联系之前不会与其他银行交易，客户已经把我们当成他们团队的一分子。

我们都知道，骗子知道如何销售，不然也不会有庞氏骗局或其他骗局屡屡见诸报端。骗子们可能真的取得了客户的一些信任，可能能力出众，可能足够了解客户，能够建立亲密度（信任的第3个组成部分，我们将在下部分中阐述）。但他们不具备正直的品质，他们行事隐秘，目的非常不纯。他们想要骗客户，虽然他们也会销售，但给这个行业带来了不好的名声。最后，骗子也只能是骗子。

2. 总是信守承诺。让我们从两个方面来看正直的第 2 个组成部分：

◎ 总是信守承诺，指每次做事都保持同样的方式，客户根据你的做事方式，会知道有怎样的结果。

◎ 总是信守承诺，还指你许下的承诺一定会兑现。

作为国际清廉会协会（International Seirenkai Organization）成员，我（迈克）近 20 年来一直在研究空手道和柔术。Seirenkai 的字面意思是正直（Seiren）的组织（Kai）。解释组织的名字时需要提到："一个人表现品格正直的有效方式，是确保自己言行一致。"

坚守道德原则是正直的精神内涵，总是信守承诺则是它的现实表现。

我们接触过一家大型科技公司，他们在这方面做得很差劲：服务质量时好时坏，客户流失严重。在对这家公司客户的售后调查中得到的反馈都是"我不信任他们的服务，因为每次沟通的结果都不一样，我不知道最后会是怎样"。

很多人抱怨连锁店缺乏想象力，他们太乏善可陈，但人们还是会选择连锁店。愿意选择同一家公司的理由就是它的产品品质始终如一，使人们可以预期。

除了确保体验的一致性，销售人员还需做到言出必行。我们在调研中发现，25% 的客户声称供应商做不到言出必行。我们曾问过一个客户为什么不与某个销售代表交易，他说："他们告诉我周四会把建议反馈给我，但是到了下周一，我提醒他们时仍没有结果。还有次他们说会回复我一个问题，结果最后也没回复。他们在交易过程中都不能说到做到，我怎么能相信付款后他们能提供令人满意的服务？"

在交易过程中，客户特别看重销售人员能否履行承诺。客户心里盘算的是"我付钱给你，你把事情做好"。

如果客户付钱给销售人员，销售人员却做不到承诺的事情，或者不能始终如一地做到，客户只要感知到这一点，就无法在心中建立对销售人员的信任。

亲密度：创造持久的商业关系

正如我们在第 4 章中提的，某人越了解你，你就越能和他建立信任关系。亲密度是建立信任的一个主要因素。

虽然我们这里说的不是爱人之间的那种亲密，但也有相似之处。最融洽的商业关系是亲密的，人们互相喜欢，彼此有默契，愿意花时间相处，会一起经历许多事情。

亲密度和共同的经历让这种关系稳固持久。回想一下你有过的最好的商业关系，在那些最持久的关系中，你通常最了解的人。这种关系在人们生活中的重要性，不亚于同亲人和朋友的关系。

当然，并非所有的商业关系最终都能发展到亲密的程度，但是每种关系肯定都会经历这样的过程：从"我一点都不了解他们"到"我们一起共事几十年，这种关系对于我的成功至关重要"。

亲密的概念很重要，因为很多人羞于在商业关系中深入了解他人。如果你想要建立信任，这样想肯定行不通。创造共同的体验，了解和喜欢他人，也让他人了解并喜欢你，这非常有助于建立信任。

8 条法则循序渐进赢得客户信任

"我们无法正式约见行政主管。""哪怕是与高级主管 15 分钟的见面，都需要排队 15 个月。"

我们一直听到销售人员这样说，他们想得到更多时间与决策者商谈，但始终不得其法。他们希望与客户建立更亲密的关系，但客户总是没时间。

一个普遍的误解是高级行政主管没有时间。根据对这个领域的深入研究，我们准备揭露一个惊人的事实：决策者每天有 24 小时，他们中的很多人每周 7 天都在工作。

真正有意思的是他们如何安排这些时间。他们不会只与自己的同事见面，见面不会只安排 15 分钟，也不是每到夜晚和周末就与家人待在一起。很多行政主管会花费大量时间与人面谈并建立关系。他们经常告诉我们，与不同公司和行业的人员（比如同事、合伙人和供应商）的关系对于他们的成功至关重要。

他们在自己的公司之外与客户开展长时间会谈。他们参加早餐会、午餐会和晚餐会。他们和客户一起滑冰、钓鱼、参加比赛、观看表演。他们的关系在时间中深化。他们的确做了这些事情，可能还不止。问题是，他们为什么没有时间安排给某些销售人员？

在过去 10 年的研究和实践中，我们了解到，最善于培养关系的人，会通过做如下事情争取到与高级行政主管的长时间面谈。

1. 建立平等的互动。 在任何高级行政主管面前，销售人员无论如何都不能表现得低人一等。这不是说表现得很傲慢，而是销售人员对自己和自己所提供的商业价值有充分的自信，相信自己有资格与这些领导平等交谈。简而言之，销售人员在与高级别领导会谈时要有庄严感。

2. 提前克服心理障碍。 如果销售人员对自己说出下面任何一句话，他就有麻烦了。

◎ 高级行政主管的时间比我的时间要重要。

◎ 高级行政主管与我不平等。

◎ 高级行政主管不想与我交朋友。

◎ 我不想与高级行政主管交朋友。

◎ 想吸引高级行政主管的注意，需要提供足够价值，对此我既不感兴趣也不想做。

◎ 我真是太紧张了，我肯定会搞砸。

◎ 我不应该谈论或询问任何私人的事情。

◎ 我不应该邀请他们共进晚餐并与我一起参加活动。

◎ 我肯定不能成功，为什么还要去试？

与高级行政主管建立持续而有成效的关系，最大的阻力往往来自个人的心理障碍。如果销售人员想与高层建立关系，那就别胡思乱想，以免错过机会。

3. 跨越影响门槛。高级行政主管所关心的商业影响可能有较高的门槛，销售人员通常不理解这一点。

有一次，我们的一个朋友确信自己会签下一笔订单，因为这至少能为客户节省1 000万美元。但最后没成交。当他问客户原因时，客户回答："我懂你的意思，我可以节省1 000万美元，但是我现在面临的问题是5 000万美元。"

4. 谨记，他们也是人。高级行政主管也是人，他们也有情绪起伏，也有兴趣爱好。他们也有孩子，喜欢（或不喜欢）运动，想被人看作成功人士，热衷政治，渴望退休后悠闲地喝着鸡尾酒，还会读中情局题材的惊悚小说。

销售人员会与所有人接触吗？不会。也许大家聊着政治，然后发现彼此的政见完全不同。但是可能突然发现，大家都喜欢教孩子踢足球，对话因此得以继续。之后销售人员与客户互相开玩笑，说对方的政见如何不妙。

我们的一个客户是大型服务公司的合伙人，他在飞机上遇到一个人，交谈中发现双方都是癌症幸存者。之后他们交往了10年，一起谈成了很多生意。这是他们计划好的吗？不是。这个合伙人有没有把癌症当成噱头？当然没有。这是一种真诚的关系，促成了真实、持久的友谊。这种事的确会发生。

5. **不要陷入常见的对话陷阱。**如果销售人员在交谈中犯了常见的错误，就可能会失去与行政主管们深入交谈的机会。常见的错误包括：

◎ 问无关的或太泛的问题；

◎ 拖拖拉拉；

◎ 事先不做背景调查，让行政主管告诉你相关背景；

◎ 不倾听；

◎ 不提供想法；

◎ 对自己的能力了解不充分；

◎ 过多依赖PPT演示或其他材料；

◎ 因为他们位高权重而在交谈中显得不舒服或不自然；

◎ 太快或太生硬地推进销售进程；

◎ 东拉西扯。

上述任何一个谈话雷区都会阻碍销售人员与高层们的进一步深入交谈。

6. **不要半途而废或妄加揣测。**与行政主管的约谈有时需要等待，此时不要半途而废。那些最终见到高层的人都是坚持不懈的。

行政主管们通常只会根据熟人的介绍决定面谈。从低级别的联络人或其他可信任的关系入手。即使没有推荐人也可以成功约见，虽然这很罕见。如果销售人员找不到推荐人，那就直接联系高层。联系得多了，总会成功几次。不要半途而废，销售人员肯定会有所收获。听取本书的建议，你就会得到更多机会。

7. **细心打造个人品牌。**争取更多高质量的时间与高级行政主管会谈，目的是进入高层内部。不犯错误，他们就会判断销售人员是否有资格进入那个圈子。打造个人品牌，让自己成为所在领域著名的、知识渊博的领军人物。

与其他行政主管和有影响力的人建立关系。确保提出的任何观点都有着最高的品质。所有这些都会表明销售人员的水平。

8. 最后，如果销售人员想有时间与行政主管建立关系，必须确保行政主管把自己看成同一级别的交往对象。这取决于销售人员能否竭尽全力达到那个级别，并一直保持。

总之，本章阐述了一个很具体的点，但是用心体会的读者会发现其中的巨大价值。销售人员运用洞察销售的能力（争取到与行政主管的约谈时间，提出不同意见，建议被采用，克服风险尝试新的事情），都取决于信任。客户越信任销售人员，洞察销售就越能发挥作用。

绝对成交笔记
INSIGHT SELLING

▌核心内容

信任对于洞察销售的成功至关重要。客户越信任洞察型销售人员，就越能够接受他们的建议。

▌关键回顾

信任是这三个因素的总和：能力、正直、亲密度。

能力：客户信任你的能力，相信你能言出必行。获取客户信任，你需要：

- ◎ 变得知识渊博。
- ◎ 了解你的产品或服务能带来的冲击力。
- ◎ 形成自己的观点。
- ◎ 令人信服地传达自己的观点。

正直：在面临困境时，客户能够相信你会出于正确的理由做出正确的事情。他们还必须相信你会始终如一地履行自己的承诺。

亲密度：某人越是了解你，你就越能建立起双方的信任。最佳关系建立者能取得更多与高级行政主管会谈的时间，因为他们：

- ◎ 进行平等的互动。
- ◎ 克服个人心理障碍。
- ◎ 跨越影响门槛。

绝对成交笔记
INSIGHT SELLING

- ◎ 理解主管是有血有肉、有个人喜好的人。
- ◎ 不陷入常见的谈话陷阱。
- ◎ 不半途而废或妄加揣测。
- ◎ 细心打造个人品牌。
- ◎ 确保主管把自己看成同一级别的交往对象。

INSIGHT SELLING

洞察销售实践篇

击破大客户营销难题

如何成为洞察型销售人员？如何评估和定位，挖掘有潜力的新人？

为什么说洞察销售是一种战术，而不是一种追求？在实际运用 RAIN 模式三级别时，容易犯什么错？

客户的渴望和痛点不同，客户的性格也不同，面对不同客户，如何使用更有针对性的策略？

销售培训投资巨大，收效甚微，时效很短，作为企业负责人如何逆转这一现状？

第 8 章 除了技能和知识，
洞察型销售人员还应具有哪些品质？

我们写这本书时，安德鲁·拜纳姆（Andrew Bynum）被克利夫兰骑士队（Cleveland Cavaliers）解聘。拜纳姆一度是 NBA 全明星级别的球员，他在中锋位置上的表现当时只有德怀特·霍华德（Dwight Howard）能够匹敌。虽然他还很年轻，但现在基本没有球队愿意向他伸出橄榄枝，原因在哪里？

"他不再想打篮球了。"一个球队的线人这么告诉人脉很广的雅虎体育作家阿德里安·沃伊纳罗夫斯基（Adrian Wojnarowski）和马克·斯皮尔格（Marc J.Spears）。这位线人还这样评价拜纳姆，"他一开始就没那么喜欢打篮球"。

本书的大部分内容都是在帮销售人员弄清楚如何才能取得成功。人们一直问我们的培训能否让任何人学会销售。我们的回答是我们可以培训任何人，在一定程度上每个人都可以学会，但这不代表每个人都会成功。人们能做某事，并不等于他们就想做（比如拜纳姆）或将做这些事情。

过程和方法（做什么）+ 技能和知识（能做什么）+ 品质（将做什么和熟练程度）= 表现。

一些想要把洞察销售变成企业文化的公司，或者想提高销售人员的洞察销售能力，需要清楚一名优秀的洞察型销售人员应具有哪些技能、知识和品质。

只要清楚了洞察型销售人员具备的技能（Skill）、知识（Knowledge）和品质（Attribute），这些公司就能做如下 3 件事：

◎ 决定哪些能力对于公司来说是重要的，哪些是不重要的。
◎ 评估销售岗位的应聘者，预计哪些人最可能成功，哪些人可能会遇到困难，哪些人注定会失败。
◎ 评估现有销售团队，安排相应培训和发展计划，把销售人员安排到最合适的职位上。

技能和知识共同组成能力。当某人具备某种技能（比如演示）和相应的知识（比如关于客户、产品和行业的知识）时，他就能做某事。

品质指人们行动的倾向、属性和动力，它决定了他们将做某事以及能否做好。另外，品质还指人们拥有的某种特征，能够让他们成功适应某个角色。在本章中，我们侧重探讨品质。

从数千个销售人员样本中总结出今天的品质需求

在开始之前，有必要介绍下我们是如何总结出洞察型销售人员的品质的。无论是在公司层面上，还是作为商业顾问和领导者，我们自 2002 年以来一直在研究销售业绩。我们开展过多种跨行业的调研，包括客户如何购买，销售人员如何销售，哪种方式对日益增长的客户最有效，当然还有在本书中提到的，哪些因素能将销售赢家跟第二名区分开。

在这段时间里，为了了解销售人员的心理和行为特征及倾向，我们通过多样的评估工具严谨地评估过数千个销售人员样本，并且将结果与每个人的销售业绩数据相比较。我们为几万名销售人员提供了培训，对他们的了解绝不仅限于评估数据。

我们与数百个企业开展合作，包括大量的分析和讨论，研究销售赢家与平庸之辈的区别究竟在哪里。我们帮助众多企业打造团队销售框架，明确不同角色的目标，总结最有可能取得成功的技能、知识和品质。

我们对这些年来的研究成果进行总结归纳，将它们与最近的研究和观察结果对比，尤其注重理解过去几年发生的改变，最终总结出洞察型销售人员应具备的品质。

除了极少数的行业，那种只注重寒暄套近乎、动辄请客吃饭的销售方式已经过时了。我确信，即使这种风气仍存在，它也会随着大公司推行严格的工作守则而日益消退。这在很多方面改变了那种纯粹基于友谊的销售方式，如今的销售更多地依赖理念的质量和为客户提供可实现的目标。

这也并不是说销售中不再有友谊的成分。友谊仍然存在，只是跟以前的发展方向不同了。这意味着销售人员的特点和品质需要发生巨大的改变。他们当然需要赢得客户的喜爱，可这只是交易中很小的一部分，然而一旦把客户惹恼了，交易肯定会搞砸。"他人很不错，我们选择他吧"这种方式不再行得通。真正重要的是他们应该知识渊博，能够在真实的交谈中赢得客户的肯定。

——伦纳德·施莱辛格

哈佛商学院教授、Limited Brands 前首席运营官

在阅读过程中，请注意如下几点：

不要简单地比较：虽然洞察型销售人员非常独特，但我们的目的不是将洞察型销售人员与普通销售人员对立起来。我们过去看到过对不同类型销售人员进行的对比，这样做的目的似乎是为了突出一种销售人员比另一种更优越。这种比较没有多大的意义，通常也并不可靠。

同样的品质，独特的结合：分开看时，洞察型销售人员的各个品质并不新奇，没什么独特性。这些品质的独特和成功之处在于它们组合起来之后的效果。这点很像烤蛋糕，只要缺少了一种重要原料，哪怕其他原料都没错，最终也不会烤出好蛋糕。

不同的企业，不同的品质需求：对于一些企业来说，某些品质比其他品质更重要。例如，有些销售人员需要为客户规划前景，有些则不需要。即便如此，大多数销售人员仍必须积极安排会谈，向潜在客户介绍新理念。

倾向是推动行为的引擎，品性是指引行为的舵

不同于技能和知识，品质往往不是通过学习而获得的。当然，品质可以随着岁月的沉淀而发展、集中和加强。但总体来说，品质有赖于个人的先天条件。例如，假设我们要帮一批22岁的年轻人培训庄重感，他们可能确实会在某天学会庄重感，培训和引导会帮助他们找到那种感觉。但是指望通过一场培训在短期内彻底改变他们，则一点都不现实。洞察型销售人员的品质分为两类：倾向和品性（见图8.1）。

我（迈克）非常喜欢古典吉他，学了4年，但总是弹不好。我的手指不够灵活，跟不上节拍。虽然我坚持不懈，继续练习，但我就是没有乐感。我有热爱音乐的倾向，能够坚持练习，但是缺乏那种能让我进入卡内基音乐厅表演的内在品性和才能。

```
           ┌─────────────────────┐
           │  洞察型销售人员的品质  │
           └──────────┬──────────┘
              ┌───────┴───────┐
              ▼               ▼
       ┌──────────┐     ┌──────────┐
       │ 倾向—引擎 │     │ 品性—舵  │
       └──────────┘     └──────────┘
```

倾向—引擎	品性—舵
1. 对工作和销售的热情	1. 庄重感
2. 概念思维	2. 商业敏感度
3. 好奇心	3. 坚韧
4. 紧迫感	4. 正直
5. 决断力	5. 高情商
6. 金钱导向	
7. 表现导向	

图 8.1　洞察型销售人员的品质

倾向是推动行为的引擎（我有热情，我练习过，我坚持不放弃），它决定了人们为什么选择其所从事的特定工作。

品性能指引人们的行为——他们如何做某事，能做到多好。品性不仅是我们全部经验的总和，也是决定某人是否擅长某事的因素。如果把倾向比作行为的引擎，那么品性就是行为的舵。

倾向的 7 个方面

1. 对工作和销售的热情

工作：渴望在职业方面取得成功。

销售：与其他工作相比，更希望在销售工作中取得成功。

对工作和销售的热情已经被证明是销售赢家们的品质。如果某人对某事充满热情，他获得成功的可能性就会比那些不太热情的人高很多。

缺乏工作和销售的热情：有些销售人员宁愿工作时间做别的事，他们虽然付出了和其他销售人员一样的时间，但总是消极对待工作任务，而非全身心投入。因此，与那些渴望成功的销售人员相比，他们通常表现欠佳。

2. 概念思维

形成有创意的想法，选择合适的策略；观察行动、事件和结构如何影响大局；具备全面系统思考的习惯。

概念思维经常被误解成一种技能，其实这在一定程度上也没错，因为具备概念思维的销售人员能教会别人如何创新，提供创新的策略，分析部分如何影响整体。然而，我们根据在培训领域数十年来的经验发现，这些培训只对那些天生就具备相应才能和倾向的人有帮助。

缺乏概念思维：有些销售人员不擅长用理念激励客户，不会恰如其分地传达观点，不能促进合作型会谈的发生，不能形成有说服力的解决方案，不能规避执行过程中的障碍，不能增强客户的信心，也不能让客户相信新理念将取得期望的结果。换句话说，缺乏概念思维的销售人员很难获得洞察。

3. 好奇心

对人和事感兴趣；渴望获得知识；努力成为专家；相信教育的作用。

只要具备概念思维，销售人员的知识储备就不再是问题。而拥有好奇心，他们就会积极寻求知识。洞察型销售人员通常博学多才，足以令人刮目相看。他们无须被迫学习，甚至无须别人提醒，因为他们会主动学习。在销售会谈中，他们会把好奇心放在客户身上。有好奇心的销售人员会很自然地想去了解客户，包括发现客户的需求，开展对客户的研究，他们这么做不是因为销售流程的要求，而是因为他们自己想要了解客户。

缺乏好奇心：销售人员不具备足够的知识，无法应用 RAIN 模式三级别，即关联、说服和合作。这些销售人员通常只是照搬洞察销售策略，但于其中的奥秘并不深究，因为他们对知识并不感兴趣。再者，缺乏好奇心的销售人员在挖掘机会，客户调查，了解客户需求和倾听客户等方面都会遇到困难。

4. 紧迫感

重视效率；推动销售进程和采取行动；对现状不满意；希望采取快速有效的行动，而不是等一切做到完美后才采取下一步行动。

人们说拖延会让销售失败，这种说法没错。有紧迫感的销售人员更能把握机会，不会因为客户兴趣消退而错失机会。因为客户花在决策上的时间越长，他就越不可能采取行动。客户会对有新意的想法感到兴奋，但是他们考虑的时间越长，就越容易产生疑虑，其他销售人员就越容易乘虚而入。有紧迫感的销售人员不会让时间白白流失，他们总是主动催促客户尽快做出决策。

缺乏紧迫感：销售人员会纵容客户的消极行为（如反复思考、推迟决策、货比三家等），他们的举动将无法取得最佳结果。如果销售人员太有耐心，不去敦促客户做决定，他们最终会失败。

5. 决断力

主动掌控局面并积极引导；用权威来捍卫自己的观点；具有打破僵局的能力；能够辩论；愿意展望未来；无须正式邀请，就愿意躬身入局。

在某些方面，决断力是判断洞察型销售人员的试金石。挑战客户的惯性思维、策略和行动方案，对于销售人员推动改变非常必要。如果销售人员想要凭借机会洞察取得成功，他们就必须有能力在能够发挥作用的场合发声，这种场合通常是行政主管们的办公室，他们在那里与陌生的客户和推荐人会谈。

能够将决断力转变成销售力的销售人员具备很强的辩论技巧，他们善于利用语言分析，解决问题和说服客户。因此他们愿意辩论，还精于此道。

此外，决断力可能会让销售人员身处水深火热之中，让他们看起来咄咄逼人、不可一世或以自我为中心。假如销售人员同时具备其他品质（如高情商、好奇心和正直等），他们仍会大胆使用决断力，但是会善加使用，不会吓跑客户。

缺乏决断力：销售人员无法营造改变所需要的紧张和颠覆力。他们无法使用互动洞察，因为互动洞察既需要他们形成自己观点，也需要反驳客户的思维和观点。因此这些销售人员将很难引起或保持住客户（特别是行政主管们）的注意。

案例分享 INSIGHT SELLING

告诉客户该知道的所有信息，但不因此被炒鱿鱼

很久之前，我（迈克）跟一个同事相约户外钓鱼，这位同事曾是一家大型管理咨询公司的资深员工。当我们朝着河边走的时候，我问他："马克，在你看来，一个优秀的顾问跟一位卓越的顾问之间的区别在哪里？"

我给他留了足够的时间思考答案。几小时之后，当我们站在河中央，向着水里涌过来的鱼群抛洒干蝇诱饵时，他回答："一位卓越的顾问会告诉客户他们需要了解的所有信息，即使这些信息可能会让他被炒鱿鱼。但最后，这位顾问出色的沟通技巧能够让他不被炒鱿鱼。"

这是正直（我应该告诉他们这点）、决断力（我将告诉他们这点）和高情商（我不会因此丢工作）完美结合的典范。

6. 金钱导向

谈论金钱时没有顾忌，在其他人眼中的大投资场合也能谈论金钱；理解经营活动如何创造金钱；积极追求个人收入的最大化。

洞察销售是围绕着风险和收益展开的。洞察型销售人员能够轻松自如地、有意识地从金钱角度出发谈论改变以促成交易。

同样重要的是，洞察型销售人员能够发现金钱，也就是说他们会积极寻

找想要投资的客户和公司，并且把握机会。

数字推理能力，或者利用数字作为基础来分析和解决问题，对于销售人员的成功至关重要。数字推理有利于分析和呈现商机。

金钱导向的另一方面是销售人员创造财富的欲望。很多研究已经证明，最成功的销售人员往往有着强烈的追求报酬的动机。例如，弗吉尼亚大学（University of Virginia）教授托马斯·斯丁堡（Thomas Steenburgh）和休斯敦大学（University of Houston）教授迈克尔·阿亨（Michael Ahearne）通过一项研究发现，不设工资上限和为超额完成任务提供奖金，分别能够将优秀员工的业绩提高 9% 和 17%。

缺乏金钱导向：销售人员很难挖掘潜在客户，很难建立风险和收益的商业案例，会更关注较小的机会，很难沟通协调。与受到金钱激励的销售人员相比，那些缺乏个人收入最大化意识的销售人员经常表现欠佳。

7. 表现导向

注重结果；表现出严格的时间观念；充分利用机会表现自我；管理流程以创造最大收益；积极追求成功；不为表现不佳找借口；在与客户沟通时同样以表现为导向，帮助客户利用最佳机会，创造最大商业回报。

这些销售人员追求成功，他们也喜欢帮助别人成功。以表现为导向让这些销售人员积极进取。他们喜欢追求卓越，喜欢变得更加优秀，成为行业中的顶尖者。因此，他们是管理自己时间和行动的大师，他们不喜欢浪费时间的人，无论是自己公司的人，还是合作方的人。

表现导向最终指向形成解决方案。销售人员只想把最佳产品推荐给客户，帮助客户追求最大改变和收益，客户会注意到销售人员这种倾向性。他们注重形成和呈现最佳方案，并且为客户的成功提供最佳建议。

缺乏表现导向：这些销售人员不善于管理时间和行动以取得最佳结果。因此，他们通常不能取得最佳结果，在需要投入的时候他们总是犹豫不决。

> 延伸阅读
> INSIGHT SELLING

销售人员应掌握的 8 个知识点

如果销售人员想被客户看作洞察的源泉,那么他们必须知识渊博。因为洞察型销售人员必须让客户采纳他们的建议,因此掌握如下话题的相关知识至关重要。

1. 客户的行业:了解客户所在行业的情况、竞争对手情况和发展趋势。

如果缺乏行业知识,客户会质疑销售人员的能力及其建议的可信度,这会影响双方的关系和销售的结果。如果不够了解客户的行业,销售人员将很难提出让客户认同的想法。

2. 客户行业的动态:熟悉客户所在企业的基本运作常识,包括理解企业本身(部门、人员和职位安排),理解其提供的产品和服务、策略和安排、面对的挑战,以及该行业如何盈利。

如果缺乏对客户行业的了解,销售人员将很难发现客户的需求,不能形成观点激发客户的认同,也不能为可能的交易做好铺垫。而这会给客户关系、口碑和销售机会带来负面影响。

3. 销售人员的公司能为客户提供哪些帮助?

总体来说,是公司的价值定位(能够描述公司的业务,如何为客户提供帮助,以及如何帮助客户在竞争中脱颖而出)。

具体来说,就是具体行业的价值定位和具体销售机会(比如,说明客户由于特定的处境,因此他们需要购买的服务)。

如果对自己能为客户提供哪些帮助缺乏认识,销售人员就很难激发客户的认同,不能赢得现有机会并创造新机会,缺乏竞争力,也不能证明客户为什么应该信任和接受自己的建议。

4. 需要销售人员的公司解决的问题：了解一家公司如何解决总体需求，以及具体服务所解决的具体需求。

如果缺乏这方面的认识：销售人员在挖掘客户需求的过程中，会表现得随意、不一致和不充分。这会影响一个销售人员的基本能力，即理解客户需求并形成有说服力的解决方案。

5. 销售人员了解自己公司提供的产品和服务：他们是谁？他们的业务范围是怎样的？他们帮助谁？如何帮助？

如果缺乏对产品和服务的认识，销售人员就无法销售。销售人员通常不仅要具备本行业的专业知识，对其他领域也应有所了解。这就意味着他们的知识储备决定着销售内容，懂得越多，越善于销售。

6. 竞争：了解客户的其他选择，包括其他公司和外包工作。

如果缺乏对竞争对手的了解，那么销售人员将很难说服客户，不能成为客户的最佳选择，因此会失去本可以得到的销售机会。

7. 购买和销售：不仅了解销售，还了解特定客户的购买过程、客户特征和购买理由。

购买过程：销售人员了解购买和销售的过程，理解每次购买过程中的细微环节。

客户特征：销售人员了解不同客户的特征，能够在互动和决策过程中对客户施加影响。

购买理由：销售人员了解客户在每笔交易中的心态，特别是买什么和向谁购买的强烈动机。

如果缺乏对购买和销售的了解，销售人员可能无法采取重要的行动推进销售进程（购买过程），与客户互动时无法让客户提起兴趣（客户特征），不能合适地或充分地呈现价值，最终也无法顺利成交（购买理由）。

8. 售后服务：了解客户购买后所需的服务内容。

如果缺乏对售后服务的了解，销售人员将无法保证购买过程取得成功，客户的风险意识也会增加。如果销售人员不能证实产品或服务会像之前描述的那样有用，客户就很难相信自己最终会取得期望的结果。

品性的 5 个方面

1. 庄重感

独立自信；**严肃可靠**。

洞察型销售人员需要让客户采纳他们的建议。在英文字典中查询"庄重感"（Gravitas），你会发现影响、权威、力量和唤起敬意的能力。在一定程度上，庄重感指的是能力、出身和判断力，还包括外表和沟通风格。太喜欢开玩笑和话太多的人都会显得不庄重，那些不注重外表的人也会受人轻视。

缺乏庄重感：客户不会采纳销售人员的建议，销售人员无法与行政主管取得进展。销售人员很难开展会谈，不能胜任压力。他们在谈判时很容易被人利用；如果有更合适的人选，他们往往会被取代。

我把庄重感看成一种 80/20 法则：我们吸收的 20% 是你讲的内容，80% 是你讲的方式。如果身为销售人员的你具备领导气质和庄重感，会怎样呢？那是一种自信。这不是说要戴名表或开豪车，而是你如何展现自己。你理解谈话的内容，你能够倾听，你在记笔记，你在增添价值。你不是从头到尾坐在那里倾听，然后来一句"好吧，我们下一步怎么做？"。你能够读懂会议室里每个人的想法，能够吸收其中观点，并且与各个级别的人交谈，不管是首席执行官还是其他职位的人。

——杰夫·帕克
Catamaran 执行副总裁和首席财务官

2. 商业敏感度

具备理解商业情况的灵敏度；提供建议，做出能够带来良好结果的决策；理解企业和人员，以及他们如何工作、改变和创新；理解财务状况和账务情况，以及影响利润和成功的主要推动因素。

销售人员在自己的产品领域已经是行家，但如果缺乏商业敏感度，他们对客户的影响仍会很有限。如果客户认为销售人员既了解微观层面（产品或服务），又熟悉宏观层面（他们将取得的商业成果、不同行动的利弊、如何做才能取得最佳效果，以及如何取得他人的支持），客户会更容易相信他们的建议。

实际上，跨行业的销售人员更容易取得成功。"我将帮助你们做出更好的决策"，当销售人员具备商业敏感度时，他们真的能够做到这一点。客户也能感觉到并且很看重这点。

缺乏商业敏感度：销售人员很难建立可信度，不能界定和传达洞察与建议，不能让客户相信会取得良好的结果和投资回报，不能推动行动和改变，以及在行政主管会谈桌上不能找到并保持一席之地。

延伸阅读
INSIGHT SELLING

对洞察型销售人员最重要的技能

洞察型销售人员与客户建立关联，开展说服与合作。根据不同的情境，他们需要各种技能以做好这些工作。在明确自己所在企业的销售角色时，销售人员可以利用下面的清单来判断某项技能对于取得成功是否有帮助，以及聘用具备这些技能的人或通过培训来提高他们的这些技能。

请注意，这个清单没有包含所有的销售技能，而只是选择了对洞察型销售人员来说最重要的技能。

引导销售会谈：这个话题非常广泛，但因为众所周知的原因，对于销售成功至关重要。它包括的技能如下：

◎ 寒暄，强化信任；

◎ 发现痛点和渴望；

◎ 发现和衡量冲击力；

◎ 描述新现实；

◎ 提问（询问）和倾听；

◎ 提供建议和启发（说服）；

◎ 说出具有挑战性的假设、策略和观点；

◎ 讲故事。

影响力：你可以把影响力本身视为一种技能，或者把它看成一种与其他技能（如交谈、集体构思、公开演示、谈判和给出承诺）相交叉的技能。不管你如何看待它，最卓越的洞察型销售人员往往会在整个销售流程中理解和应用前文所说16条影响力原理。

集体构思和协助：虽然不是每个销售人员都能引导小组会谈，但是开展富有成效的小组会谈，对于获得新颖的、操作性强的想法非常重要。集体构思对于把握企业内部机会、客户规划，以及与客户的合作都非常关键。

有说服力的公开演示：如果洞察型销售人员想凭借机会洞察取得成功，他们必须形成并给出有说服力的公开演示，推动客户改变。

机会和客户管理：分析、规划和追求最佳结果的执行过程，无论对于单笔交易还是客户管理都至关重要。它对于洞察销售尤其重要，因为机会通常是由销售人员创造的，销售人员必须确保决策的方方面面都滴水不漏。客户管理通常注重为现有客户增值，因此，识别和推动客户需求，谋求新机会变得至关重要。由于竞争的存在，保证现有客户不被竞争对手抢走也同样重要。

处理异议和克服阻力：平息异议，缓解阻力和对抗惯性对于推进销售进程非常关键，对洞察销售十分重要。因为洞察型销售人员需要推动新理念和重塑客户思维，处理异议和克服阻力是他们的工作。

寻找潜在客户：想要创造新机会的销售人员必须能够从现有客户或新客户那里取得会谈机会，这包括成功开展电话会谈的能力，写信（主要指电子邮件）沟通的能力，熟练运用大众媒体的能力，以及其他社交能力。

谈判技巧：洞察销售的核心目标是与客户合作，共同创造互惠互利的行动方案。销售人员需要善于合作，灵活应变，确保最终能够与客户达成协议；同时还必须不卑不亢，与客户达成可操作的协议。

兑现承诺：洞察型销售人员需要兑现许下的承诺。这包括在销售过程中的承诺以及成交之后的承诺。

3. 坚韧

愿意为成功付出努力；愿意在困难时期坚持努力；具备抵抗诱惑，专心工作的能力；能够长期坚持。

具备坚韧品性的销售人员工作会更加努力，并且心无旁骛。这点会在很多方面影响洞察销售：遇到阻力时仍追求销售成果（的确值得追求），从挫折中恢复并积极前进，愿意学习成为洞察型销售人员的相关知识。

缺乏坚韧的品性：销售人员很容易放弃，遇到诱惑时会轻易从重要的事情上分心，通常不会主动学习洞察销售的新知识和新技能。

4. 正直

具备高尚的道德品质，包括动机高尚（做正确的事）、心胸坦荡（没有隐藏的心机），以及坚持信守承诺。

第 7 章中我们已经对正直做过阐述。

缺乏正直的品性：销售人员也许可以达成交易，但成功并不能持久。他们会被客户发现不诚实，或者因言行不一而破坏与客户的关系。

5. 高情商

能够理解并管理他人和自己的情绪；能快速平复紧张情绪；不乞求别人的肯定；能够与难缠的人打交道；能判断对方的行事风格，据此适当调整自己的行为；不因当下情况而受到干扰或反应过激；不恐慌；不自我设限；善于利用情感影响力；具有良好的态度。

如果决断力会让销售人员坚持说出可能会使他被开除的话，那么高情商就是让他们免于被开除的品性。高情商的销售人员能够洞察客户心中所想，并做出正确的决定，能够在任何时刻影响客户的情绪，并且善于控制自己的情感，不会让自己身处水深火热之中。

高情商不仅指远离麻烦，有时还指适时跳入麻烦之中。高情商的洞察型销售人员往往能应时而动，在情况陷入僵局时抵抗住诱惑。

高情商的一个很重要的方面是保持良好的态度。那些觉得客户与自己为敌、竞争对手比自己强的销售人员不太可能会成功。当销售人员态度不好时，客户会注意到，这会让客户对他敬而远之，有损他的庄重感。最后，高情商的洞察型销售人员不会为失败找借口，他们知道成功掌握在自己手中。当事情进展不顺时，他们也会有找借口或发脾气的冲动，但他们最终会克服这种情绪，再接再厉。

低情商：在紧张状态中，销售人员无法发挥创意，也无法取得成功。他们很难与人建立并保持不卑不亢的关系，也无法管理别人的情绪（而这会破坏交易或减少交易的价值）。他们会情绪化地解决问题，而这对客户关系和销售业绩有百害而无一利。如果感觉自己会失败，他们就会对自己过于苛刻，认为自己能力不足。他们会纠结于事物不完美的一面，为自己找借口，而不是迎难而上。

好的销售人员不仅知道如何销售，他们还具备最佳的直觉。他们能够真诚地表现理解，他们完全理解我们遇到的挑战和问题，并且知道如何恰当地将它们表达出来。不真诚或例行公事的销售人员最糟糕，他们的销售会谈只是露一下脸，播放一下幻灯片。他们不明白销售会谈的重点在于客户，而不是他们自己。

——戴维·立西
Bright Horizons 首席执行官

理性评估并定位，挖掘潜力人才

我们 RAIN 集团曾经遇到一位客户经理，他非常害怕收到对他公司的销售人员的评估结果。他担心结果会表明自己的销售团队中有人不具备销售热情，甚至对销售毫无兴趣。他害怕出现这种情况：200 人中有 100 人对销售持漠不关心的态度，缺乏坚持到底的韧性，或者不具备销售的基本能力。他说："人们不喜欢被告知自己不擅长或不适合做某事，揭露真相对某些人来说是件很痛苦的事情。"

当我们公布对他公司销售人员的评估结果后，没有人真正在意，大部分人如释重负。一位叫史蒂夫的销售人员很擅长约谈客户，但其实对销售并不感兴趣，不想做这类工作。他在很多销售品质指标中得分较低，他的经理有点害怕与他面谈。

面谈结束后,我们问这个经理进展如何。他回答:"你知道史蒂夫说什么了吗?他说这是不是意味着他可以不用参加每年的销售培训了?"史蒂夫如释重负(大部分人都会这样)。

很多人被证实具备销售方面的潜质。而直到评估前,这些人都没有机会从事销售工作。这些人的面谈结果与史蒂夫完全不同:他们期待有机会销售,渴望获得销售培训和指导。

虽然评估这种手段在过去几年里越来越受欢迎,已经在大多数行业中被接受,但是在执行过程中仍会遇到阻力。即便没有阻力,有时误解也在所难免:如何评估和发现人们擅长的事物和最适合的工作?有时大家过多依赖工具,而忽视了更重要的人际反馈和互动,而后者更能反馈个人技能和品性的真实状况。

同样值得一提的是,直接观察是评估某人是否具备某种技能和品质的一个重要方式。虽然销售经理能够在实践中观察自己的团队,但是那样耗时耗力、操作不便。

在评估自己团队的过程中,销售经理最应该注重以下几个方面。

自我评估工具

近年来评估工具越来越受欢迎,对于理解人们的品质以及在销售情境下的行为方式非常有帮助,有的评估工具还擅长评估语言和数字推理能力。自我评估工具无法很好地评估一些品质,比如正直、庄重感和其他需要观察才能得出结论的品质。

自我评估并不完美,但还是准确的。通常而言,准确得让人害怕(正如大家反馈给我们的)。自我评估工具在挖掘新人和指导培训,以及比较应聘者方面非常有用。

360°评估

360°评估通常也被称为多维度评估，有助于个人发展和职业规划。随着战略客户管理等工作中的销售责任不断变大，日益复杂，团队中很多成员可以对销售人员的角色和如何改善工作提供有价值的观点。最有胆识的公司能够请他们现有的客户和潜在客户一起参与评估，以便得知外界对他们销售团队的看法。

评估中心

检测技能、知识和品质，最有效、最精确的方法之一是设计模拟场景，安排角色扮演，直接观察销售人员的反应。销售人员能否讲出具有说服力的故事？销售人员能否激励客户去追求最佳投资收益？那就先让他们对直属上级讲一次。

在此过程中，事先设置一些干扰和阻力，安排一些人扮演客户，这样直属上级就能观察销售人员能否辨别不同的客户类型，并恰当地与他们互动。投入的程度越高，评估中心就越有效，指导和招聘活动就越有希望取得成功。

绝对成交笔记
INSIGHT SELLING

▍核心内容

过程和方法（做什么）+ 技能和知识（能做什么）+ 品质（将要做什么和熟练程度）= 表现

▍关键回顾

倾向是推动行为的引擎，洞察型销售人员品质的要点，以及不足造成的问题（见表 8.1）：

表 8.1 倾向是推动行为的引擎

品质	要点	不足造成的问题
工作热情和销售热情	工作：追求职业的成功 销售：取得销售的成功	工作变现不佳 一味顺从或承诺
概念思维	得出创新的想法、选择合适的策略 观察部分如何影响整体 具备系统思维的能力	想法不够有趣，或者呈现得不够合理，不能得出有说服力的方案，不能激发客户的自信，不主动学习相关知识
好奇心	对人和事感兴趣 渴求知识 努力成为专家 相信自己能通过销售教育客户	洞察不够新颖和深刻 提问不够 不倾听 规划不佳
紧迫感	重视效率 迫切推进销售进程和采取行动 对现状不满意 想快速改善现状而不是慢慢进步	错过太多时间 纵容客户的消极行为 不注重采取行动以追求最佳效果 不催促客户做决策

续表

品质	要点	不足造成的问题
决断力	掌控局面并引导 用权威来捍卫自己的观点 将自身置于重要情境 打破僵局 愿意展望未来 能够辩论	不创造紧迫感和颠覆现状 不推动改变 不采用互动洞察 不能引起客户的注意
金钱导向	谈论金钱时没有顾忌 理解行业如何挣钱 有动力将个人收入最大化	很难挖掘潜在客户 很难建立风险和收益的商业案例 侧重于较小的机会 很难沟通协调
表现导向	管理时间 注重结果 充分利用现有机会 管理流程以创造最大收益 积极追求成功 不找借口	不善管理时间和行动 为结果不佳找借口 说服客户投资时总不成功 不能取得最佳结果

品性是指引行为的舵，销售人员品质的要点，以及不足造成的问题（见表8.2）：

表 8.2 品性是指引行为的舵

品质	要点	不足造成的问题
庄重感	独立自信 严肃可靠	建议得不到采纳 不能取得客户高层的认可 不能胜任压力 谈判时表现不佳 很容易在竞争中被取代

续表

品质	要点	不足造成的问题
商业敏感度	能很快理解商业情况 提供的建议和做出的决策有利于最后结果 理解企业和人员的改变和创新 理解财务状况和账务状况 理解影响利润和成功的主要推动因素	不能建立可信度 传达的洞察和提供的建议无助于最后的结果 不能采取行动和改变现状 不能建立风险和收益的案例
坚韧	愿意为成功付出努力 愿意在困难时仍坚持努力 能够专心手头工作 能够长期坚持	不能坚持 容易分心，做与销售无关的事 不会主动学习洞察销售新知识和技能
正直	具备高尚的道德品质 坚持信守承诺	成功不能持久 会被发现道德品质不佳 破坏客户关系
高情商	理解和管理自己和他人的情绪 能够与难缠的人打交道 根据对方调整自己的行为 不会因为情绪而分心或负气 不恐慌 不自我设限 态度良好	无法在紧张状态下发挥创意或取得成功 心慌意乱，失去重点 不善谈判 不能营造和保持平等氛围 不能管理别人的情绪 态度不好

能力评估：直接观察是评估中很重要的一部分，但直接观察评估所有的技能或品质耗时且不实际，能力评估不限于直接观察。评估方法包括自我评估工具、360°评估和评估中心。

自我评估工具：利于理解某人的品质或者他在销售情境下的处理方式。有些评估工具擅长测试言语和数字推理能力。在挖掘新人和指导培训，以及比较应聘者方面非常有用。

不利于评估某些品质，比如正直、庄重感和其他需要观察才能得出结论的品质。

360°评估：能够为个人发展和职业规划提供洞察，能为更大更复杂的销售职责（比如战略客户管理）提供有价值的建议。

评估中心：在实践中直接观察销售人员。投入的程度越高，评估中心就越有效，指导和招聘活动就越有希望取得成功。

第 9 章 规避洞察误区，掌控风险

太多的销售人员惯于直接套用事先准备的推销方式，像机器人一样按部就班。"这是我们的优秀之处，我们将这样帮助你，我们曾这样帮助过一个与你同行业的客户。"他们一厢情愿地认为自己抛出来的任何话语都会被客户记住，然后他们就放弃倾听客户的想法了。他们并不会与客户开展真诚的谈话。

我还注意到另一种现象，有些销售人员一进门就开始教育潜在客户，这就好像客户可能只是对一本书中的某一章感兴趣，而销售人员却把整本书都扔向了客户。就算只扔了半本书，客户也会把他赶出去。因此，销售人员应该做的是去了解对客户而言什么是重要的；然后围绕他们同意会谈的原因开展谈话，谈论他们的痛点，挑选其中 2~3 点分析原因，帮助他们找到对策，从而帮助他们更好地经营业务。

——杰夫·萨默斯
Rothstein Kass 负责人

在我们的"销售赢家如何脱颖而出"调研中，在执行过程中"帮助我规

避潜在风险"是区分销售赢家和第二名的第六大因素。在本章中，我们的目标就是规避潜在风险。

当然，我们的目标不在于详尽地列举所有的销售误区，我们侧重于洞察销售的理念和应用。有的问题属于战术层面，而有的问题属于战略层面。有的问题我们在本书的其他章节已经谈到了，有的问题则只在本章阐述。我们想把它们集中在一起，以便于销售人员认识和规避这些错误。

洞察销售最重要、最普遍的 3 大错误心态

写作这章最大的挑战可能在于要挑选出最普遍和最重要的错误。如果我们的重点不突出的话，本书恐怕还需要增加一部冗长的续作，而不仅仅是一个章节。与此同时，我们会分享自己从调研、客户谈话以及多年的培训中总结出来的错误例子。

1. 将洞察销售看成一种战术，而不是一种追求

在采访客户的过程中，我们问起他们最近与销售人员的互动，很多客户提到，越来越多的销售人员似乎表现得特别主动，这些销售人员甚至就像接受过一样的培训，告诉他们"成功秘诀在于反驳客户的观点"！还有一些客户提到，他们遇到越来越多的销售人员盲目发送白皮书、新闻报道和网络链接，主题都是"我觉得你会对此感兴趣"，但这些信息跟客户毫无关系。

这些客户说得很真实。有些销售人员认为洞察销售就是分享内容和提出反对意见，他们把洞察销售的应用看成一种战术，但事实上洞察销售更是一种追求、一种思维方式。

的确，当对客户有利时，洞察型销售人员会提出反对意见，而不会隐瞒。

的确，销售人员会介绍新理念和新可能，帮助客户更好地决策。想要做好这点需要投入、培训、实践、指导和时间。

想要成为客户眼中知识渊博的内部人士，销售人员需要投入大量的精力，去学习和传达产品或服务的作用，高明地开展谈话，引导客户走出舒适区，并且在此过程中一直保持客户对自己的信任。

有些人做任何事情都想走捷径，但是，如果销售人员和公司把洞察销售看成一条捷径，他们很快就会失败。

> 销售行业有种强调积极主动的热潮，但坦白讲，除非你特别厉害，这招才行得通。我碰到的一些销售人员对我用了这招，我很快就感到厌烦。这个方法的问题在于它很容易变成傲慢无礼。所以我认为太积极主动是有隐患的。如果你非得采用这种方法，你就必须能激发客户的认同，而不是让客户厌烦。
>
> ——戴维·立西
> Bright Horizons 首席执行官

2. 只想粉饰现状，不敢改变现状

洞察销售的核心是提出能改变现状的想法。销售人员如果只是粉饰现状，不能把客户推出舒适区，他们将无法销售任何东西给潜在客户。

3. 过于傲慢或软弱

我们在第 8 章中提到了洞察型销售人员的品质，以及如果缺失这些品质会造成哪些问题。

有两个品质值得特别关注：傲慢和软弱。

在努力把客户推出舒适区，形成自己的观点以及改变客户思维的过程中，很多销售人员（诚如客户所言）太刻意、太用力、太急切，表现得傲慢无礼。有些本可以为交易增值的销售人员甚至被客户抛弃，因为他们不想看到这些销售人员。

与此同时，洞察销售的另一个隐藏杀手是销售人员过于安静，表现软弱。这些销售人员不发表自己观点，不愿意挑战客户的想法，通常泯然众人，无法为交易提供洞察。这些销售人员也很容易被客户抛弃，因为他们无所作为。把客户推出舒适区，激励他们做不同的事的确有风险，有些销售人员不愿冒风险。但是不入虎穴，焉得虎子？

值得一提的是，每个客户对傲慢和软弱的评价是不一样的。有决断力的丹妮尔和希望达成共识的克莱尔对于直接反驳的容忍度不一样（详情见下章）。销售人员必须能够读懂客户，根据情境和客户偏好调整自己的刺激性话语。

RAIN 模式三级别中最常见的误区和误解

想在洞察销售方面取得成功，销售人员必须效仿销售赢家的做法。在第1章中我们大致介绍了"销售赢家如何脱颖而出"的调研结果。研究这数百次调研结果，我们将销售赢家的做法总结为 RAIN 模式三级别，这3个级别分别是：关联、说服与合作。

这3个级别相辅相成，不能单独运用某一个，才能最终实现成交。缺少3个级别中的任何一个，销售人员应用洞察销售时都会受到影响，将更难取得成功。在接下来的内容中，我们重点阐述在 RAIN 模式三级别中最常见的误区和误解。

关联方面的错误

将洞察销售等同于顾问式销售，认为关联就是让客户接受自己的观点。 当销售人员如此执行时，他们就放弃了提问、倾听和理解，只想着如何把某个观点推销给客户。

洞察销售的确包含了积极为客户介绍新机会，反驳客户的想法，以及倡导新思维等要素。但这些都只是工具箱里的工具，只能在恰当的时机用于恰当的地方。其他重要的销售要素包括理解客户需求，形成解决方案以及倾听。如果客户在销售过程中没有感受到这些，销售结果就会受到影响（见图9.1）。

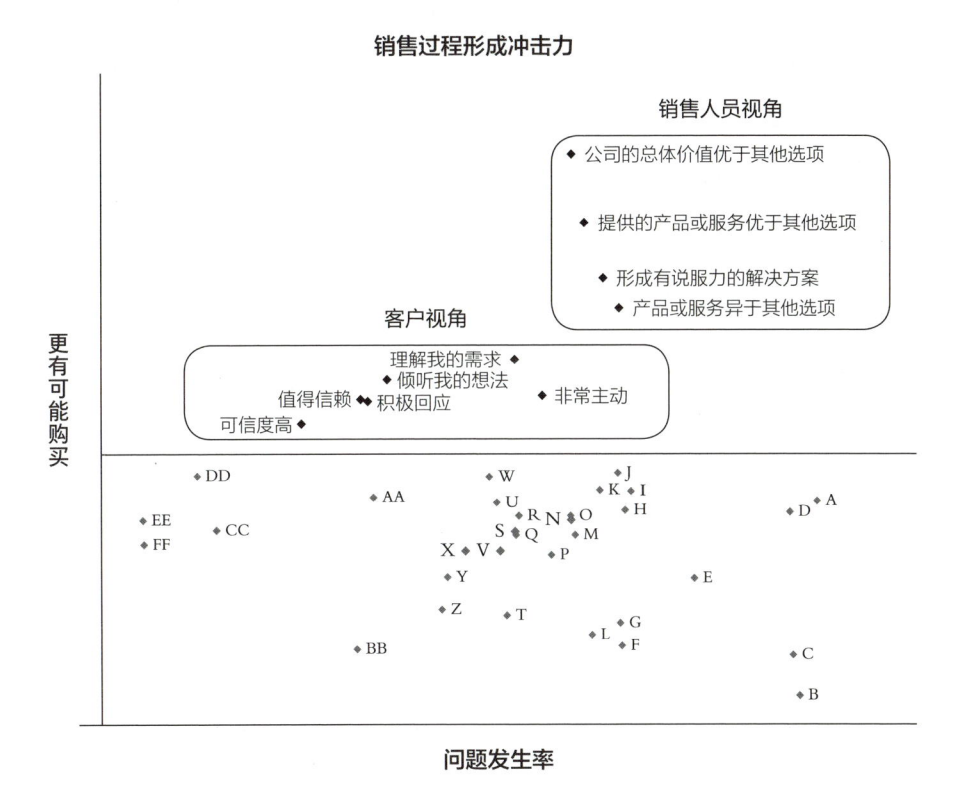

销售过程形成冲击力

图9.1 对成交影响最大的10个方面

洞察销售中的观点营销不能取代给出解决方案，提供咨询和建立关系等行为，而只能与后者相互补充。

延伸阅读
INSIGHT SELLING

销售人员沟通到位才能形成冲击力

作为研究的一部分，我们询问了一些客户是否见过销售赢家和第二名做相同的事。谈到第二名时，我们这样问："如果第二名在某个领域做得比销售赢家更好，你会有多大可能和他们交易？"

请注意，虽然客户希望得到"提供的产品或服务优于其他选项"，但他们通常会发现各种选项并无太大差别。但是大部分销售人员会告诉我们："我们拥有更好的产品和服务，至少在某些领域如此。"如果这是真的，那问题就在于销售人员与客户的沟通不到位，而不是产品或服务不够好。

对成交影响最大的其他9个方面，也完全依赖销售人员在关联中体现出来。

在定制方案和以客户为中心方面做得不够好。即使是经常收到提案的大公司决策层，也会反映销售人员没有花足够时间准备信息、会谈和演示。他们的这些行为无法激起决策者的认同，这点在销售界很普遍。

规划前景：销售人员只注重信息内容，而没有关注特定的客户。在会谈时没有提到客户的需要、客户的公司、客户的行业和客户的处境。

挖掘需求：销售人员没有精心准备问题和信息，让特定的客户产生认同，从而建立更亲密的关系。

具有说服力的故事：销售人员没有针对特定客户讲述具有说服力的故事，他们的故事过于泛泛。只需多投入一些努力，表现出对客户的理解，为他们量身定制互动内容，销售人员就可以与客户开展更深入的会谈。

解决方案：销售人员没有将客户的需求与合适的产品或服务关联起来，没有从整体上制定解决方案。他们在此之前投入了大量精力，但因为缺乏定制方案或定制方案设计较差而前功尽弃。

在过去半年里，我们做了三份重要的建议邀请书，每一份都价值几百万美元——一份是关于会计服务的，一份是关于我们新总部的家具服务的，还有一份是关于建筑服务的。我们的招标团队有三个人，在招标过程中，我们发现大部分销售人员都会花大量时间谈论自己的资质，而不是讨论我们的情况。他们喋喋不休地介绍自己，等到他们终于开始分析我们的需求时，我们已经失去耐心和兴趣。这些销售人员好像天生缺乏安全感，必须一直谈论自己，我们会一票否决这样的销售人员。我们似乎要直接朝他们挥手："喂，我们在这里，帮帮我们，我们需要金融服务、家具服务和建筑服务。"

——格里·卡迪
Beneficial Bank 总裁和首席执行官

说服方面的错误

根本不做。说服方面最严重的误区就是根本不做。在本书中，我们反复强调销售人员必须能够形成一个观点，具有说服力地维护这个观点，并劝服其他人相信这个观点。不愿或不能做到这点的销售人员都不是洞察型销售人员。

挖掘需求和呈现的时机不对。如果客户自己有需求，主动要求与销售人员会谈，那么他们本身就带着计划而来的，他们应该是会谈的主体。如果此时销售人员走进会议室，寒暄一番后开始推销，客户就会觉得十分扫兴。他们会想：这是我安排的会谈，这个人为什么要向我推销？他甚至还没有问我会谈的目的。他应该先提问，让我先说。

如果是销售人员要求会谈，客户同意了。通常这类会谈的目的，是向客户介绍他们应该考虑的事情。销售人员是会谈的主体。

在这种情况下，大多数客户想节约时间，直奔主题。当然，客户也觉得开会前寒暄几句，提问一下无伤大雅，但是如果销售人员展示的是一场演示，客户可能会在第三页之后就感到疲倦。

销售人员需要知道何时应分享自己的观点，何时应先了解客户再给予信息。糟糕的是，他们通常把握不好时机。

演示出错。一些销售专家强烈反对推销，他们也不赞成做演示，然而演示确实是一种有必要且有效的销售工具。销售人员在演示过程中经常会犯一些尴尬的错误，但只要演示得当，而且时机成熟，它就能够帮助销售人员取得成功。

常见的演示错误有很多：故事不精彩，幻灯片内容不合理，幻灯片页数太多，幻灯片使用不当，不合时宜的幽默，缺乏幽默感，以及不能建立起平等的氛围等。这些都很重要，但是就算销售人员能把上面细节都做好，我们还是发现他们经常会犯如下三种错误。

1. **没有在演示过程中加入互动**：在讲述故事前和讲完故事后，销售人员都应该与客户互动，而不是自己唱独角戏。即使在演示过程中，停下来提问和创造对话都能决定最终交易是成功还是失败。

2. **没有让客户成为主角**：客户对太多演示的感觉是"我根本不关心"。而如果能让客户成为故事的主角，这种情况就不会发生。从销售人员开始做演示到演示结束，所有内容都应该与客户产生关联。采用具有说服力的故事框架会有所帮助，同时还应为不同的客户定制故事内容。

3. 没有掌握演示内容：这点看起来可能平淡无奇，但是太多销售人员没有彻底掌握材料，不清楚他们可能遇到什么问题，没有提前准备好精彩的回答，不知道如何做才能确保演示顺利进行。这样一来，他们的演示结果并不乐观。

> 会议时长是一小时，或者一个半小时，我不希望会议室中都是对方公司做演示的人。在一个半小时的会议里，会议室中的人数不应该超过5个，有一两个人来介绍对方公司资源即可。我也不奢望坐在我对面的人通晓所有领域的知识，但是当我购买服务时，有一两个重要人物是负责与我沟通的，所以我希望他们具备相应能力，能够在谈话中提供所有具有说服力的细节。
>
> ——杰夫·帕克
> Catamaran 执行副总裁和首席财务官

不重视信任。说服的目的是什么？是让某人接纳你的建议。想做到这点，信任至关重要。

当客户不信任销售人员时（见图 9.1），客户对风险的认知会变得很敏感。销售人员越是能让客户信任他们本人、他们的公司、他们提供的服务及其购买后将获得的回报的信任，就越能影响客户的行为。

合作方面的错误

将合作等同于达成共识。客户可能是希望达成共识的克莱尔（见第10章），销售人员也可能是这样的。这类人不是坏人，也不能被归为糟糕的决策者，他们只是倾向于在行动之前让所有人都达成一致意见。

如果销售人员具备这种倾向，他们一听到合作可能就会想，让客户所在企业里的人尽可能多地参与进来。在推进决策进程时，销售人员当然应该让一些客户参与，并且让那些可能唱反调的客户也参与讨论。但如果让其他人也参与进来，则会增加失败的风险。

合作意味着与客户在交易过程中深入互动：邀请他们挖掘需求，形成解决方案，推进销售进程。合作意味着朝共同的目标前进。这并不意味着让所有人的意见一致，也不意味着让与决策无关的人员也加入讨论。

不愿客户参与。有些销售人员害怕与客户合作，因为他们担心失去销售的主动权。还有些销售人员担心合作将耗费太多时间和精力。虽然他们很少承认这点，但当他们与更资深或更有见识的客户密切合作时，就会感到如履薄冰。

有时缺乏技巧阻碍了合作的开展，但有时即使销售人员掌握了技巧，他们仍缺乏合作的意愿，他们不相信合作会对双方有所帮助。根据我们的研究和经验，他们这种想法可能有误。

创造了心理所有权，然后又将它夺走。合作可以建立心理所有权。但是，销售人员通常并不为客户留出贡献观点的机会，因此无法创造心理所有权。例如，一个客户可能会说："这件事情的最佳做法是……"这可能正是销售人员想要达到的效果！销售人员通常会说（其实应该忍住不说）："是的，开会这么久，我一直在思考这个。"一旦这样说，就从客户那里夺走了心理所有权，其实一句"我同意"就已足够。

不掌控局面，不能引导合作。开展合作不意味着放弃主导权。打开合作的大门后，销售人员有时不具备足够的庄重感和技巧以对抗客户的强势。如果技巧不够，销售人员就应该提高技巧。如果庄重感不够，他们就应该先认识到这点，然后慢慢提高。要牢记，洞察销售是一种追求，而不是一种战术。

不够积极主动。客户很少打电话对销售人员说这种话："我们现在一起讨论下，明年你能如何帮助我们"或者"你是否做过类似的调研，可以告诉我你对这个领域未来走向的想法吗，以及我应该如何应对？"。当然，这种情况偶尔会发生，特别是当销售人员已经成为客户心中的洞察源泉时。但在大部分情况下，销售人员必须主动安排会谈，以促进合作。在会谈期间，销售人员必须积极主动邀请客户参与合作，如果不这么做，客户很可能会流失。如果销售人员不够积极主动，他们就会浪费机会，让合作付诸东流。

进行销售会谈时的误区

不努力促成洞察会谈。我们在第 6 章提到，对于销售人员来说，最大的收入增长机会可能是拓展现有业务关系。

然而，年复一年，销售经理并没有安排会谈分享理念，或者激励客户考虑新的合作方式。销售人员想要激励客户和影响他们的行为，就必须先安排会谈。

在为新客户规划前景时，销售人员要通过展示产品或服务内容来开展营销。这可能算是努力促成会谈，但还算不上洞察会谈。销售人员如果能够在会谈中提供一些有价值的信息并与客户互动，通过这种方式让客户了解自己，会谈就会更有效。客户对产品和性能并不会特别感兴趣，侧重提供洞察的会谈更能被客户接受，更有成效。

将发送信息等同于洞察销售。有些销售人员通过电子邮件（或纸质邮件）向客户发送白皮书、文章或其他内容，以为这样做就能赢得会谈，将自己塑造成洞察的源泉。

问题在于客户是很现实的，他们知道这只是一种群发策略，体现出的是销售人员并不用心。在发送任何内容之前，销售人员都应该仔细思考。如果内容与客户的业务不相关，客户就会认为销售人员不用心，不熟悉情况或不了解客户。

当销售人员向客户发送定制的内容（比如把对客户有价值的地方特别标注出来）时，客户会注意到。客户不会回复所有信息，但是这样做会给他们留下正面的印象。准备定制的信息需要时间，但是想成为洞察源泉的销售人员总会这样做。

不利用关系网取得会谈机会。大部分有经验的销售人员会积累一定的社交关系，他们可以利用这些社交关系取得会谈机会，但是很多人不会这样做，他们没想过利用现有关系网得到引荐。

即使他们真的去尝试了，也会想得不够全面或不够有创意。一个销售人员这样告诉我们："我必须联系亚太区的信息技术副总裁，但是我不认识他，我认识的人中也没有认识他的。"当我们问他取得会谈机会的计划时，他感到很茫然。

没错，他所有的联络人都不认识这位副总裁，但是其中的几位有更广泛的关系网。后来他又去打听了几次，寻找可以为他做引荐的人。8周后，他成功得到了引荐。

没有建立亲密关系就不敢直接联系。有些销售人员只依靠自己的关系网，没有引荐就不去联系新客户。60%的客户说他们不接受陌拜，但这也意味着40%的客户能够接受这种方式。有些销售人员会说"这概率也太低了"。事实上，这概率还不错。销售人员不能与所有人取得联络，这并不要紧。陌拜虽然不能保证销售人员的每个电话或电子邮件都能取得成功，但是这种成功的概率已经足够创造新机会了。

如果没有熟人可以帮销售人员争取到会谈机会，那么销售人员应该准备策略、主动出击，直接寻找与新客户会谈的机会。

建立洞察型销售团队的误区

期望每个人天生就是洞察型销售人员，招聘时不考查应聘者的洞察。 并非人人都能成为洞察型销售人员，想让洞察销售发挥作用，需要一整套必要的知识、技能和品质（见第 8 章）。

销售人员一定要具备所有的条件才能开展洞察销售吗？当然不是，但是他们起码得具备基础条件。如果一个企业想要将内部的销售人员培养成洞察销售的精英，它不希望这个过程花费过多时间（这不仅是招聘难题，也是培训和发展方面的难题），也不愿将希望投注在成功概率很低的人身上。

除了培训，评估和聘用选拔出成功运用洞察销售的应征者，对于企业来说同样至关重要，因为这些企业希望把洞察销售变成企业中的销售文化。

缺乏实践洞察的工具和资源。 我们曾经与一个企业合作，它希望自己的销售人员能够为交易带来新理念，能够拓展客户的思维并扩大自己业务范围。企业中有 300 名销售人员已经能够成功做到这点，但是对企业中其他销售人员的培训并不成功。

我们问这家企业，那些成功实践洞察销售的销售人员在做什么。回答是，他们作为一个团队做的事情很类似，大家贡献的观点也没有太大差别。但是他们从来没有总结过各自的核心观点，并分享给销售团队中的其他人。说到底，他们期望这 300 名销售人员能单独想出所有的方案。

我们与他们一道捕捉和记录想法，将这些想法传达给销售团队中的其他人。结果我们发现，很多销售人员其实具备实践洞察销售的技能和意愿，只是缺乏相关知识。有了相关工具和随之而来的培训，这个销售团队拓展和深化讨论的能力得到了全面提升。

没有提供洞察销售的培训。 常规销售培训注重过程：销售人员如何成交，销售人员何时能成交，应该鼓励哪些客户参与，以及销售机会的收入等。

销售教练很少提供鼓励、建议、工具和资源，从而让销售人员更高效地实践洞察销售。对于那些想要成为洞察型销售人员的人来说，培训是这个过程中很重要的环节。

提供的培训是无效的。现在我们又回到了原点。销售人员必须把洞察销售视为一种追求，而不是一种战术，他们的公司也必须这样做。如果仅仅把洞察销售当作这个季度的培训项目，那么就不要期望它会带来长远的效果。如果想让培训项目发挥作用，想建立高效的洞察销售团队，领导者就不应该把培训看作一次性的事件，而应该将其视为长期的工作重点和日常活动。这也是本书最后一章的主要内容。

绝对成交笔记
INSIGHT SELLING

核心内容

常见的误区和误解阻碍了很多销售人员成功进行洞察销售。想要成功，就要效仿销售赢家的做法——关联、说服与合作，同时还要避开常见的陷阱。

关键回顾

想要在洞察销售方面取得成功，你必须做好三个级别的工作：关联、说服与合作。

想要做好洞察销售，你需要理解客户特征。比如，面对销售人员的判断时，希望达成共识的克莱尔和有决断力的丹妮尔表现出来的容忍度是不一样的。

想要在洞察销售方面取得成功，要做好以下 10 件事，它们是区分销售赢家和第二名的关键因素：

◎ 教会我新的理念和视角；

◎ 与我合作；

◎ 说服我"我们会共同取得成果"；

◎ 倾听我的想法；

◎ 理解我的需求；

◎ 帮助我规避潜在风险；

◎ 提出具有说服力的解决方案；

◎ 准确描述交易过程；

◎ 与我建立联系；

◎ 公司的总体价值优于其他选项。

绝对成交笔记
INSIGHT SELLING

在进行洞察销售的过程中，避开常见陷阱。

整体：

◎ 应用洞察销售时，将它看作一种战术，而不是一种追求；

◎ 不具备"销售人员应该改变现状"的心态；

◎ 太傲慢或太软弱。

关联方面：

◎ 将洞察销售等同于顾问式销售；

◎ 在定制方案和以客户为中心方面做得不够好。

说服方面：

◎ 不去说服；

◎ 挖掘客户需求和呈现的时机不对；

◎ 演示出错；

◎ 不重视信任。

合作方面：

◎ 将合作等同于达成共识；

◎ 不让客户参与；

◎ 创造了心理所有权，然后又将它夺走；

◎ 不掌控局面，不引导合作；

◎ 不够积极主动。

促成洞察会谈方面：

◎ 不努力促成销售会谈；

◎ 发送非定制的和无关的信息；

◎ 不利用关系网取得会谈机会；

◎ 没建立亲密关系就不敢主动联系。

创造洞察型企业方面：

◎ 期望每个人天生就是洞察型销售人员，招聘时不考查应聘者的洞察；

◎ 缺乏实践洞察的工具和资源；

◎ 不提供洞察培训；

◎ 提供的洞察培训无效。

第10章 | 不同客户"买"和"不买"的表象背后

多年来，一家市场营销公司的三位高级副总裁坚持参加RAIN集团的集体活动。他们多次要求来我们办公室会谈，讨论如何壮大公司。这家公司市值超过1亿美元，但是近5年来，公司业绩增长相对缓慢。

这家公司有伟大的价值取向，行业地位稳固，在竞争中有比较优势，完全可以支撑住不断扩大的业务需求。他们确实有实力做到这点，如果他们愿意在销售和营销方面投资的话。

这三位高级副总裁精力充沛，有很高的热情拓展业务。一次会谈结束后，我们确信他们离成功只有一步之遥。但是，他们似乎搞不定公司内某位决策者，行动方案始终无法实施。

我们问他们："从单纯的讨论到真正实现目标，你们认为公司现在需要做什么？"他们互相看了看，其中一个回答："我猜老头子死之前，什么都改变不了。"说这话时他们非常认真。

事实上，这个被他们称为"老头子"的人就是公司的老板兼首席执行官，多年前他十分看重公司的发展，经常琢磨如何进行市场创新，总想改善现状。但是最近10年里，他没太大的动作。

这些高级副总裁们本以为，只要将具体可行的想法提供给老板，他就会全力支持。但结果是，这位老板已经快退休了，他对现状非常满意。就算公司的业务没有壮大，他职业生涯的最后几年也是风光体面。

正如我们在本书中提到的，如果想在洞察销售方面取得成功，销售人员必须做一些事情。事实上，有些客户会受到激励，达成交易；但有些客户就不会。有些客户愿意为大胆的想法和创新买单，有些客户则对此完全不感兴趣。

想要区分客户类型，销售人员必须做到：

◎ 识别客户处于购买模式还是不买模式（见表 10.1）。
◎ 识别客户的特征，判断他们的购买风格和偏好，了解他们是否可能成为新想法和新服务的购买者。

表 10.1　购买模式和不买模式

购买模式	不买模式
解决问题型： 期待在表现不佳的领域做出改善，感觉自己已经落后，不作为只能导致情况更糟糕	**满足型：** 不想做任何事。对现状感到满意，情况已经足够好了
把握未来型： 期待加速壮大，取得更好业绩 接受建议，感觉自己没有充分发挥潜力，正确的行动和投资将产生更大的回报	**愉快型：** 可能想有所作为，但不接受建议、不更换供应商或不投资必要的资源和金钱去创造回报。但现状更轻松……为什么要改变

深入解析购买模式的客户心理

问：换一个灯泡需要几个心理学家？

答：一个，但前提是灯泡自己想被换下来。

想要有效进行洞察销售，销售人员必须能够判断决策者是否满足于现状。如果决策者满足于现状，惯性会使得他们规避任何积极的行为。从本质上说，他们就是那些不愿被换下来的灯泡。

购买模式有两种：解决问题型和把握未来型，它们是想要被换下来的灯泡；不买模式也有两种：满足型和愉快型，它们是不想被换下来的灯泡。

销售人员如果想要推动需求，他们必须找到处于购买模式的决策者。如果对方处于不买模式，无论销售人员说得如何天花乱坠，惯性都会让这些决策者拒绝一切新做法。虽然新做法可能会带来好处，但他们会觉得维持原样也很好。当客户处于购买模式时，他们就会在市场上寻找可实施的想法和洞察，并找到实践的方法，从而改善自己的处境。

解决问题型

解决问题型客户会积极寻求解决问题的方法（见表10.2）。这些问题可能来自公司整体层面（如收入下降、利润降低、丧失市场份额、竞争压力增大、缺乏创新），也可能来自具体领域（如资产老化、流程低效、团队表现不佳）。

表10.2　解决问题型

不够好：当公司整体业绩不佳或在某个具体领域的表现没有达到期望。客户会： ○ 制定改变的计划和战略，以创造新现实 ○ 寻找新的想法、产品和服务，以改善公司处境
碰到解决问题型的客户时，销售人员应该： ○ 通过询问发现痛点，激励客户形成洞察和想法，推进客户改变计划，用你的产品或服务帮助客户 ○ 向客户传达你的观点，亲自告诉客户能够改善其公司处境的想法和可能性

解决问题型客户通常不知道自己具体想要解决什么问题，或如何真正解

决问题，但是他们决心抓住机会采取行动。他们的态度非常积极主动，在寻找解决方案的过程中，他们能够开放地接受销售人员的建议。销售人员能识别出解决问题型客户，他打电话或回复邮件会说："我通常不会打这种电话（发这样邮件），但是你刚好在恰当的时机联系了我们，而我们正好也想提升这个领域的表现。"

当销售人员碰到这种客户时，他们首先会通过询问发现客户的痛点，用产品或服务帮助客户解决问题，然后向客户传达新的观点和可能性，告知客户如何改善处境。

现在你可能会问："如果某家公司运作不理想，是不是每个决策者都会处于解决问题模式？"假如一个领导者知道了销售团队的水平很差，难道他不会采取行动解决这个问题？不一定。我们了解到很多领导者虽然知道自己销售团队水平欠佳，但要么满足于现状（像那个老头子），要么不愿或不能付出努力以改善状况。

这些潜在客户都没有处于解决问题模式。即使问题真的存在，他们也还是处于我们所说的"不买模式—满足型"。在这种情况下，销售人员想要劝说一个安于现状的领导者去改善经营是一个莫大的挑战，即使成功意味着现状会得到大幅度改善。

高水平的洞察型销售人员能够成功让一个满足型客户签单，因为他们坚持不懈，能够熟练运用 RAIN 模式三级别，同时具有商业敏感度和庄重感，但是他们也可能不愿意这么做，因为他们品性中的紧迫感、表现导向和金钱导向会干预他们的行动。

他们脑海中有个声音会说："你可以取得成功，但是这么做需要付出太多时间和精力，还不如直接找一个愿意改变的客户。你不应追求得不偿失的胜利，而应该去寻找想要有所作为的客户。"

把握未来型

第二种购买模式是把握未来型（见表 10.3）。

表 10.3　把握未来型

待挖掘的潜力：当公司整体业绩不佳或在某个具体领域的表现没有达到期望。客户会寻找待挖掘的潜力： ○ 成为内部改变的发起者，为公司提供追求更高目标的远见、方向和热情 ○ 寻找值得投资的想法、产品和服务
遇到把握未来型客户时，销售人员应该： ○ 询问情况，搞清楚如何帮助他们实现目标 ○ 提供想法，告诉他们有哪些可行的做法

当客户想把握未来时，他们会希望壮大自己的公司或改善行业及个人的处境，他们下定决心推动企业往前走。

联系到我们之前讲的例子，客户可能知道自己的销售团队表现相对不错，但是如果他们看到了可以提高效率的机会，也一定会欣然接受。一个满足型的客户可能会说："我们已经超出平均水平，又没什么问题，不用改进了。"而一个把握未来型客户会说："第一，超出平均水平并不值得骄傲。如果你想安于平凡，请另谋高就，我们可以成为最优秀的。第二，如果我们改进工作方式，就可以获得比现在多 20% 的收入。让我们来把它变成现实。谁知道要怎么做到这点？"

在把握未来型客户看来，就算一切正常，他们也一直寻找进步的机会，只要回报够丰厚，他们就愿意投资。把握未来型客户是企业中的企业家，他们寻找改变的机会，精益求精。想要做到这点，他们需要对可能发生的事情有深入洞察。

当销售人员遇到把握未来型客户时，要将重点放在他们的期望上：询问他们的愿景和规划，支持他们追求目标，并提供将期望变成现实的建议。

注意，将重点放在期望上并不意味着忽视痛点。销售人员可以这样对客户说："如果几年后你实现了愿景，那将是怎样的情景？"因为大多数把握未来型客户喜欢谈论愿景。然后销售人员可以接着问，"你认为成功路上最大的障碍是什么？"这点对于解决问题型客户同样适用。销售人员可以问，"现在哪些方面的做法行不通，你想要改变？"一个受挫的解决问题型客户通常就会开始分享或倾诉。然后销售人员接着问，"如果一切不仅会变好，而且比你预期的还要完美，那会是怎样的情景？"期望最能激发把握未来型客户的认同，因此你应该主动提起这点；而痛点对于解决问题型客户也是如此。

当销售人员遇到满足型和愉快型客户时，即使销售人员知道如何改善状况，但潜在客户安于现状或认为万事不求人（"我们不需要外界的帮助！"），那么销售人员能做的就十分有限，他们无法劝服客户改变主意。客户公司中的决策者可能忙于维持业务和计算收益。这些潜在客户认为事情进展十分顺利，很少会考虑走出舒适区。其中愉快型决策者通常不愿意投资，即使资金充裕，他们也可能对价格非常敏感。

无论如何，销售人员必须寻找解决问题型和把握未来型客户，同时尽量避开满足型和愉快型客户。

> 我发现向高级主管们销售更容易。他们没有那么多时间可拖延，因此他们评估事情更快。资历尚浅的年轻人想要证明自己的能力，往往会显得咄咄逼人，或过分纠结于细节，只见树木不见森林。更重要的是，高级主管们生活经验更丰富，我们可以利用好这点。比如一个首席执行官说他的公司多年来一直想设立职工子女托管中心，但考虑到风险因素，一直没有设立。

所以我们花了很长时间跟他讨论风险，我们带他参观其他托管中心，他最后这样说："20年来我们一直找各种理由不去行动，现在是时候向前迈出一步了。"

我们向前迈了一步，第二年帮助他成立了5家托管中心。但是后来我们发现，之所以他会重新考虑设立托管中心，是因为他的女儿要在家照顾幼儿，不能如愿出去工作。因此，通过站在女儿的角度思考，他理解了职工们的困难。他有相关的生活经历，因此他对我们的销售过程接受度很高。

——桑迪·韦尔斯
Bright Horizons Family Solutions 雇主服务部行政副总裁

韦尔斯的这段话中蕴含了很多信息。我们几乎可以将它应用于本书的任何地方。之所以放在这里，是因为这个客户从不买模式（满足于现状）转变成解决问题型，是因为他的女儿遇到了幼儿托管难题，他不得不重新考虑了这个问题。

只要客户处于购买模式，我们就可以：

关联：女儿的幼儿托管问题（需求关联）和"更多的生活经历"（情感关联）。

说服："所以我们花了很长时间跟他讨论风险"（风险最小化），请留意，在实际交易中收益最大化肯定也会起到一定作用，但是他已经对这个问题非常热心，但收益已经不是影响决策的核心因素，真正的障碍在于风险。

合作："我们带他参观其他托管中心"，可以作为更深层次互动和参与的平台（与我合作）。

和 8 种典型客户交易的实战演练

假设，销售人员找到解决问题型或把握未来型客户。他们想要有所作为，但是他们愿意大胆尝试，去做一些从没做过的事情吗？

事实上，有些客户比较能够接受新颖或宏大的想法，有些则不能。还有些客户可能有意愿接受宏大的想法（他们想要一座高山），但是往往自我设限，最终破坏了自己的计划（只得到一座小土丘）。

RAIN 集团概括了 8 种客户特征，目的在于帮助销售人员识别不同客户的购买风格和偏好，学会针对每种特征的成交技巧。对这 8 种客户特征的描述基于人才分析公司（Talent Analytics Corporation）先进的特质理论、商业愿景、专有算法和创新技术。这项研究得到了麻省理工学院和哈佛大学的统计学家的配合，对 50 000 份完整的人格特征和动机档案进行了验证。

幸运的是，通过学习 8 种客户特征，洞察型销售人员能够学会辨别不同客户的类型，将精力集中在更可能成交的客户身上，根据每种客户喜欢的方式来调整自己的销售方法。

我们得出结论是：不同的客户有着不同的动机，这些动机决定了他们对新观点的看法，决定了他们与销售人员互动、进行决策时采用的方式，以及实践过程中的偏好。也就是说，每个人购买的原因和方式都不一样。

> 经过最初的咨询和解释，有些病人会说："好吧，我们做。"他们要做胎儿心脏介入手术，他们的决定非常明确。对他们而言，有机会获得更健康的心脏比手术的风险重要。而另外一些家庭需要围在一起讨论几小时才能得出一样的结论，如果你想帮助他们，你就必须满足他们每个人的要求。
>
> ——韦恩·图瑞斯基

哈佛医学院儿科学副教授
波士顿儿童医院胎儿心脏病学项目主任

只要理解了 8 种客户特征，洞察型销售人员就能够识别出哪些客户最可能为新想法、新产品和新机会买单。然而，因为大多数交易包括好几位决策者，销售人员无法只跟最想成交的客户打交道。他们必须根据不同情况调整销售方式，因为同一笔交易中可能也会有决策者因为自身特征而反对某种交易方式或交易决定。

销售人员需要了解客户的动机、喜欢的互动方式和决策方式。这样就能最大限度地提高与每种客户成交的效率。我们为 8 种客户特征分别起了名字，每一种特征都具备鲜明的特点。这些名字有助于记忆。

> 有些客户明显比其他客户更难成交。例如，有些客户不温不火，凡事都要讲究过程，不放过任何细节。我觉得他们最难对付。他们从来不走捷径，不像那些精力充沛，能快速决策的客户。对于后者，你只需要描述愿景，他们就愿意成交。而对于分析型客户来说，愿景固然美好，但是他们一定需要知道具体的操作过程，以及它将如何影响到现状。
>
> 这对于我们来说是一种长线销售，每次交流都要花更长时间，我们开会的次数恐怕也要增加两三倍。同时，他们还在货比三家，而不是只跟我们谈。因此，这个过程要艰难得多，更让人难受的是，收益也更低。
>
> ——杰夫·萨默斯
> Rothstein Kass 负责人

司机：有决断力的丹妮尔

有决断力的丹妮尔非常好胜（见图 10.1）。她说话总是带着命令的语气，会以果敢、积极和斩钉截铁的方式解决问题。她非常活跃，看重结果，想要取胜。如果销售人员与丹妮尔打交道，可能会觉得她咄咄逼人，不可一世，缺乏策略。她可能会要求很多，希望事情在规定时间内顺着她的意愿发展。

"告诉我，你们比别人强在什么地方？哪里不一样？"

"好，我听够了。"

"我们现在就做决定。"

图 10.1　有决断力的丹妮尔

如果向丹妮尔销售，销售人员也应该变得有决断力，表明自己愿意承担风险，帮助她获得成功。不用过多担心与丹妮尔沟通中产生的冲突，她对此并不在意，甚至还可能从中获益良多。取得共识并不是她的强项，她做事情不喜欢呼朋引伴，甚至从没想过要争取别人的同意。

丹妮尔非常好胜，她通常注重速度。她知道，如果她没有率先行动，别人就会领先。如果她不够勇敢，其他更勇敢的人就会把她打得落花流水。

与丹妮尔成交的小窍门

◎ 如果你能解释清楚投资回报率，将如何帮助他们取胜，这类客户会很容易接受你的机会洞察。

◎ 态度要直接果断，因为他们不介意你的快言快语。讲究策略当然更安全，但要知道丹妮尔他们绕多了弯就会有挫败感。

◎ 他们说话做事非常耿直，你要做好心理准备。不要自我辩解，不要慌乱，要依靠情商解决冲突。

◎ 提供建议，并想好这些建议的理由，证明自己的观点。

◎ 对于可能出错的地方直言相告，能够告知成功的概率。

委员会主席：希望达成共识的克莱尔

如果说有决断力的丹妮尔是"阳"，那么希望达成共识的克莱尔就是"阴"（见图 10.2）。希望达成共识的克莱尔喜欢与别人一起解决问题。她生性审慎，婉转圆滑，老练灵活。当周围的人说话很直接时，克莱尔对其他人仍然客气有加。

图 10.2　希望达成共识的克莱尔

如果向克莱尔销售，要牢记：让所有人都达成共识对她来说非常重要。

销售人员必须与她合作，并邀请所有相关客户都参与进来。销售人员要主持一些会谈，讨论克莱尔和其他人的想法、需求和问题。如果销售人员想跟克莱尔成交但耗时有点长，不要感到沮丧。如果销售人员想反驳她，一定要讲究策略。如果她想成交，她一定会等待合适时机，而且需要她的团队成员都同意。需要做大决定？她会要求成立一个委员会！

克莱尔看重合作，这意味着她会愿意与销售人员及其团队深入沟通，但这同时也意味着她的行动更慢，决策更久。因为她可能会扩大决策圈，很多不同意见会影响她最后成交的方案。因此她更可能接受缓慢的改变，而不是彻底的改变（假如克莱尔受到创新者艾琳的影响，艾琳的本意是想要高山，而克莱尔的缓慢决策过程会导致结果只是一个小土丘）。

与克莱尔成交的小窍门

你有没有试过让 22 个人决定去哪里吃饭？结果是花了 10 倍的时间来讨论，最后只能去吃比萨或者去连锁餐厅，因为大家只对这些地方持有统一意见。同样的情况也适用于销售行业，希望达成共识的克莱尔可能喜欢新颖的想法，理解推进销售进程的好处，但是她坚持让所有人都同意，最终陷入泥潭无法动弹。销售人员将面对下列情形：

◎ 在统一所有人意见的过程中，创新会陷入泥潭。运用机会洞察会变得非常困难。

◎ 态度要直接，但也要讲究策略。用力过猛会让客户望而却步。

◎ 主持会谈时，要确保所有人的想法都能得到表达，给他们留出回复的时间。

◎ 将重点放在目标和预期结果上。

朋友：善搞关系的勒妮

善搞关系的勒妮喜欢沟通（见图 10.3）。社交活动对她来说很重要，她充满热情，能够创造性地解决问题，善于团队合作，当然更是一位经营关系的高手。她喜欢着眼大局，不介意在讨论过程中滔滔不绝地发表自己的观点。别人提一两个问题就会让她停不下来。

"跟我说说你自己……"
"你听说过……吗？"
"很棒的想法。我们赶紧行动起来。"

图 10.3　善搞关系的勒妮

如果向勒妮销售，销售人员需要尽量少地提技术细节，一定要倾听她的想法，感受（或者鼓励）她的热情。勒妮可能会在谈论业务的过程中无缝穿插生活私事，谈话突然转到她最近的度假或儿子的篮球队。在讨论观点时，销售人员要避免过度强调理性或现实。在外人眼中很现实的事情，在她看来可能是令人扫兴的。

与勒妮成交的小窍门

◎ 善搞关系的勒妮对于洞察型销售人员而言不好也不坏，但是勒妮需要受到有决断力的丹妮尔或创新者艾琳的影响，才能具备改变现状的意愿，从而推进改变进程。
- ◎ 勒妮通常知道应该把你引荐给哪些客户，他们可以维护你和你的销售利益。
- ◎ 分享和鼓励她们的热情。她们乐于倾听你的新想法，即使并不会全盘采纳。
- ◎ 一定要倾听她们的想法，让她们发言。
- ◎ 将她们引荐给她们会感兴趣的人。
- ◎ 经常与她们保持联系，如果你太长时间不联系，她们就可能去和你的竞争对手交易。

守护者：谨慎无比的史蒂夫

如果说善搞关系的勒妮是"阳"，那么谨慎无比的史蒂夫就是"阴"（见图 10.4）。史蒂夫经常反思，他是个保守的批判型思考者。谨慎无比的史蒂夫不会粉饰太平，他也不希望身边的人这么做。

图 10.4　谨慎无比的史蒂夫

史蒂夫有点慢热，需要经过一段时间才能信任别人，如果销售人员能多花点时间和精力的话，效果会更好。史蒂夫不介意别人说他谨慎，他觉得交易过程中需要保持现实，他对自己能做到这点感到很骄傲。

如果向谨慎无比的史蒂夫销售，销售人员会发现他不是很喜欢打电话，更喜欢用电子邮件沟通，对此不要感到惊讶。不要因为没收到他的表态或回应而感到气馁，他倾向于喜怒不形于色。不要"自来熟"，要记住史蒂夫虽然开会时话不多，但是仍然需要确保他的要求得到满足，不然他可能会悄无声息地拒绝合作，而销售人员毫不知情。

与史蒂夫成交的小窍门

和善搞关系的勒妮一样，谨慎无比的史蒂夫对于洞察型销售人员来说不好也不坏。销售人员要确保有决断力的丹妮尔或创新者艾琳参与会谈，这样史蒂夫更可能会推动改变，突破阻力，采纳新想法。

◎ 建立信任的时间可能会比较长，要有耐心。
◎ 如果你没准备好接受严格的尽职调查，那么请将精力放在其他客户身上。
◎ 不要过于热情或感情外露，因为他们会认为这是在强行推销。
◎ 如果你赢得了他们的认可，他们可能会默默同意推进一个建议，但仍希望先开展试点，分阶段实施，进行风险担保和准备应急方案。

数据狂人：善于分析的阿尔

过去的成功意味着将来的成功。过去的做法、既有方式和数据对善于分析的阿尔很重要（见图10.5）。这不是说他不会领先他人，尝试新事物，只是阿尔需要经过大量的分析才会采取行动。阿尔相当谨慎，他遵守规则、程序和既有标准。他解决问题时会思虑周全，因为他会从各个角度进行分析。

图 10.5　善于分析的阿尔

如果向善于分析的阿尔销售，销售人员提供备选方案和相关数据能够帮助他做决策。合适的细节很重要（他比别人更看重"合适"）。有时，他整理和分析数据花费的时间太多，销售人员需要友情提醒他一下。但千万不能批评他的做法，因为他可能比其他人更介意。如果在他完成分析前，对他施加了太多压力，他不但不再搭理销售人员，销售机会也泡汤。

与阿尔成交的小窍门

◎ 善于分析的阿尔可能不是新产品的好买家，因为他们注重"合适"，以及"我们做事情的方式"。

◎ 他会从多角度分析事情，你要准备好接受盘问，以及提供越来越多的信息。

◎ 阿尔喜欢成功的案例和能提供支持的数据，当你销售新产品或新服务时可能不太容易找到这些东西；阿尔会认为你的提议有风险，而丹妮尔或艾琳则会认为这是种机遇，因为还没有竞争压力。

◎ 他对数据的要求似乎永无止境，你需要投入大量的时间和精力才能满足他。

◎ 善于分析的阿尔要求细节准确，这种追求完美的心态让他甚至不顾最终的结果，这点会妨碍你的销售进程，因为你想推进大胆新颖的提议，或者在没有提前准备好每个细节前就推进下一步。

特立独行者：创新者艾琳

如果说善于分析的阿尔是"阳"，那么创新者艾琳就是"阴"（见图10.6）。艾琳完全不想理会规则、程序和惯例。虽然阿尔可能会说"过去的成功意味着未来的成功"，艾琳则会说"过去能成功的，未来不一定会成功"。

图 10.6　创新者艾琳

创新者艾琳的想法和策略独立于规则之外。她从不一本正经，能够创造性地解决问题。艾琳经常说，边界是用来测试、推翻和跨越的。两岁小孩的家长都对艾琳的这些特点感到很熟悉。

与艾琳成交的小窍门

- ◎ 人如其名,创新者艾琳是新想法和新产品的好买家。
- ◎ 与他们一起发散思维,鼓励创新的做法和思维。
- ◎ 让你的创新计划变成他们的,他们就会不遗余力地推行。
- ◎ 即使谈话偏离了主题,也不要轻易停止创造性谈话,过一会儿再将谈话拉回正轨就可以。不用过度担心表面的杂乱无章,因为艾琳不会介意。
- ◎ 向他们表明你们合作后将如何把想法变成现实,他们不想在计划实施过程中陷入泥潭。

变革代理人:急先锋沃尔特

急先锋沃尔特讲究雷厉风行(见图10.7)。不管什么事情,急先锋沃尔特从不把昨天能完成的事情拖到今天。在沃尔特的认知里,事情完成得永远不够快,一切都太慢了。沃尔特是一名典型的"促变者"。他有着非常强烈的紧迫感,喜欢当机立断,几乎不深思熟虑。他喜欢冒险,同时兼顾若干事情对他来说完全不是问题。沃尔特喜欢抓大放小,只关注大局,对细节厌烦至极。

如果向急先锋沃尔特销售,销售人员需要充分考虑并把握他对效率的渴望,帮助他制定议程,并拟定实现目标的方法。销售人员要着重突出适应性和灵活性,在沃尔特看来,这是他作出选择最看重的。但销售人员推进太快时,就需要审时度势,灵活应付各种突发情况。因为沃尔特可能是个搅局者,即便他把销售人员的工作计划搞得一团糟,但销售人员千万不要沮丧——在对销售人员发难时,沃尔特其实并没有意识到。即便是成功和沃尔特签单后,销售人员也要维持高度戒备状态，随时与沃尔特保持联系，因为他会一直询问进度。销售人员肯定不希望竞争对手抓住沃尔特的软肋，而自己却毫不知情。

图 10.7　急先锋沃尔特

与沃尔特成交的小窍门

◎ 只要让沃尔特意识到问题严重性，他就会迫切想要改变现状。

◎ 沃尔特通常在你还没开口的情况下，就已经说出他目前面临的情况和问题。

◎ 乐于倾听沃尔特的想法，及时提出意见和解决方案。

◎ 不要和沃尔特讨论细节，但大方向一定要让沃尔特清楚。

◎ 主动和沃尔特联系，随时告知对方项目进度，让他放心。

乌龟：循序渐进格雷格

如果说急先锋沃尔特是"阳"，那么循序渐进格雷格就是阴（见图 10.8）。"只要足够缓慢、足够稳定，你一定会熬到最后，成为胜利者！"这是循序渐进格雷格的至理名言。格雷格几乎就是稳定性和安全性的代言人，而且他确实喜欢这种风格。他是一个极其可靠的团队合作者。通过相处，销售人员还会发现，循序渐进的格雷格是个具有超常耐心、同理心，以服务为导向的人。他把自己视为企业的守护神。捣乱和找碴这样的事情和他从来没有任何关系。

图 10.8　循序渐进格雷格

如果向循序渐进格雷格销售，销售人员千万不要操之过急，也不要把注意力集中在改变的视角上。此外，销售人员也不能给格雷格太多的选择或可能性，因为面对这样的情况，他会一而再，再而三地思考、思考还是思考。除非环境因素迫使他立即行动，否则他一定要在深思熟虑之后再做决定。销售人员需要考虑，自己是否有足够耐心，在格雷格身上的投入是否会换来最终的成交。

如果销售人员对自己有信心，就要紧紧吸引格雷格的注意力。一旦让他分心，他就会把注意力转移到其他目标上，并一直坚持到底。务必牢记，格雷格每次只会关注一个目标。因此，一旦格雷格关注新目标，他的世界里就不会再考虑先前的销售人员。

与格雷格成交的小窍门

◎ 保持耐心，建立合作的周期会比较长。
◎ 如果你没有足够的时间陪着格雷格，那么就放弃他。
◎ 尽量一次只提供一个新理念或新视角，并预留充足的时间让格雷格思考。
◎ 如果你赢得了格雷格的认可，虽然他会信守承诺，但务必将项目节奏降速。

案例分享 INSIGHT SELLING

购买模式和客户特征如何共同作用？

"如果某位客户属于解决问题型或把握未来型，不管他具备哪种性格特征，难道他不会购买吗？"或者"如果某位客户是创新者艾琳或者有决断力的丹妮尔，那么他不是会一直处于购买模式吗？"有很多人经常这样问我们。我们先来看个例子。

一家零售公司开了23家分店，经营状况似乎都还不错。增长率是6%，但是董事会想追求更快的增长，这就让公司的决策者进入了把握未来型。你作为销售人员，承诺自己能通过出售特许经营权帮助他们将23家分店扩大为500家。这笔投资不小，但是回报也十分丰厚。

这家公司的首席执行官虽然是个好人，喜欢跟你聊天（善搞关系的勒妮），但是他需要每个人都达成统一意见（希望达成共识的克莱尔），而且还有"分析型瘫痪症"（善于分析的阿尔）。

正当你兴致勃勃向他们销售特许经营权时，这家公司完成了一笔新交易，但卖家不是你！他们还在考虑向你购买特许经营权，但是他们同时聘用了一个顾问帮助他们改善已有分店的营业流程。为什么这么做？因为每个人都能就这点达成统一意见。建议按小时经营的销售人员拿到了订单，而你宏伟的新建议却毫无进展。让这家公司购买特许经营权，虽然对于他们很有利，进展却十分缓慢。

几个月后，董事会对增速太慢感到不满，鼓励首席执行官离开公司去"追求新机会"。一个有决断力的丹妮尔／创新者艾琳成为新首席执行官。6周后，你跟公司签下合同，帮助他们获得了特许经营权。

假设你又向另一家公司销售，你碰到一个创新者艾琳，她对你的想法很感兴趣。但是他们的事情太多太忙，而且一切进展顺利（愉快型），她说自己几乎没有时间应付所有的事情。"我们公司内部的活动太消耗精力了，所以我们目前不准备进行大笔的外部投资。"

她喜欢这个想法，但是她没有处于购买模式。

回到之前的两个问题，我们的回答是：不会，就算某位客户属于解决问题型或把握未来型，他仍然可能不会为大胆的新策略和建议买单。就算某位客户属于创新者艾琳或有决断力的丹妮尔，他也不会总是处于购买模式。

在识别客户类型的过程中，销售人员要理解虽然客户具有某种主要的特征，但其他的特征也会影响和决定客户的购买风格和偏好（见表10.4）。

🔍 **案例分享**
INSIGHT SELLING

对症下药，与客户成为盟友

有一次，我们指导安妮顺利签下一单即将到手的交易，她是一家大型金融咨询公司的销售人员。她的客户吉姆是一家跨国企业中市值

表 10.4 实现洞察销售难易度

简单	中等	很难
创新者艾琳： ○ 总是寻找创新机会 ○ 允许她把握创新进程，热情拥护创新	**善搞关系的勒妮**： ○ 喜欢协调人际关系，通过进行人事安排取得成功 ○ 通常是推进销售过程中的重要信息来源 ○ 如果她受到丹妮尔和艾琳的影响，仍主动推进销售过程	**善于分析的阿尔**： ○ 看重得体和完美 ○ 看重过去的成功 ○ 比其他特征的人更难接受新鲜事物
有决断力的丹妮尔： ○ 表明你将如何帮助她获胜 ○ 注重创新带来的投资回报率	**谨慎无比的史蒂夫**： ○ 可能很难取得他的支持 ○ 需要花些时间 ○ 如果他真的表示支持，并且受到丹妮尔和艾琳的影响，可以成为默默推进行动的强力帮手	**希望达成共识的克莱尔**： ○ 渴望让所有人都意见一致 ○ 可能会干扰主题，结局与初衷相距甚远 ○ 会延缓行动进程，通常会让行动陷入僵局
急先锋沃尔特： ○ 雷厉风行，喜欢当机立断 ○ 和他谈大局，不要纠结细节		**循序渐进格雷格**： ○ 思考周期长，深思熟虑才做决定 ○ 一次只能关注一个目标，不要让他分心 ○ 一旦得到格雷格的认可，放缓节奏，他自己会慢慢推进

10亿美元分公司的首席运营官，他前程似锦，兼具有决断力的丹妮尔和谨慎无比的史蒂夫这两种特征。

虽然吉姆不是一个很容易争取的人，但他和安妮经过几轮坦率直接的讨论之后，终于同意继续推进安妮的想法（服务）。然而，虽然他身上的丹妮尔特征想要心无旁骛地推进交易进程，但他仍不得不在决策过程中增加了4个成员。

弗雷德是其中一个，他是一个善于分析的阿尔和希望达成共识的克莱尔的综合体。他一直要求安妮提供更多信息，得到信息后，又会发给他的团队寻求反馈，他的团队又会提出大量的关于未来的疑问、困难和挑战。

这笔交易陷入了泥潭，在要求更多数据和提出新的疑问之间消磨了两个月。吉姆的态度非常明确，他要求安妮与弗雷德合作并争取到弗雷德的支持，否则就算他们购买了服务，执行过程也会是一场灾难。这笔交易数额巨大，安妮愿意投入时间和精力坚持到底。

跟安妮聊过之后，我们得知她从来没有单独跟弗雷德讨论过。我们建议她安排一次会谈。在准备这次会谈的过程中，我们还建议她一定要问清楚弗雷德的决策标准，特别是他需要得到哪些数据后才能做决定。

我们还建议安妮告诉弗雷德，她愿意为他收集、分析和准备数据，但是需要清楚知道哪些数据能够满足他的要求。"我知道我们还没到那一步，但是假设你最终同意了，那么在同意之前有哪些数据是你一定要看到的？"安妮这样问过之后，弗雷德交给她一份清单，上面详细列出了他需要知道哪些问题的数据。她在之前的沟通中已经回答了清单上的大部分问题，因此现在能够整理出很系统的信息，供她和弗雷德以及他的团队参考。

这笔交易在一个月后成交，弗雷德带头执行行动方案，并确保一定取得成功。识别出弗雷德的购买特征是善于分析的阿尔后，安妮就能够借助洞察推进销售过程，并在此过程中获得了一个盟友。

绝对成交笔记
INSIGHT SELLING

核心内容

想要让洞察销售取得成功，你必须在客户最感兴趣的时候激励他们购买。有些客户愿意接受激励并采取行动，有些则不愿意。假设客户愿意采取行动，有些客户愿意为大胆的想法和创新买单，有些则不会。

关键回顾

如何分辨哪些客户愿意接受新想法和新产品：

- 识别客户是否处于购买模式。
- 识别客户的特征，他们的购买风格和偏好，从而总结出他们是否可能成为新想法和新产品的好买家。

购买模式有两种：解决问题型和把握未来型。不买模式也有两种：满足型和愉快型。如果碰到解决问题型和把握未来型客户，你的洞察销售行为能获得更大的成效。

想要成功销售新想法和产品给不买模式（满足型和愉快型）的客户非常困难。

碰到解决问题型的客户时，你首先应该提问，发现他们的痛点，用你的产品或服务帮助他们解决问题，然后向客户传达新的观点和可能性，告知客户如何改善处境。

碰到把握未来型的客户时，将重点放在他们的期望上（同时考虑他们的痛点），通过询问了解他们的愿景和规划。支持他们追求目标，并提供将期望变成现实的建议。

学会识别 8 种客户特征，这样你就可以将精力集中在最可能购买的客户身上，并且根据每种客户偏好的方式调整你的销售策略。

有决断力的丹妮尔（洞察销售的好买家）：表明你将如何帮助她获胜，注重创新能带来的投资回报率。

创新者艾琳（洞察销售的好买家）：允许她把握创新进程，并成为创新的拥护者。

谨慎无比的史蒂夫（洞察销售的中立买家）：你可能很难争取到他的支持，需要多花时间。如果他真的表示支持，再加上丹妮尔和艾琳的影响，他就能成为默默推进行动的强有力帮手。

善搞关系的勒妮（洞察销售的中立买家）：喜欢协调人际关系，通过进行人事安排取得成功。通常是推进销售的重要信息来源。如果她受到丹妮尔和艾琳的影响，也会推进销售进程。

希望达成共识的克莱尔（洞察销售的不良买家）：希望每个人都达成一致意见，可能使会谈结果与初衷相距甚远。将延缓进程，使销售陷入泥潭。

善于分析的阿尔（洞察销售的不良买家）：看重得体和完美。看重过去的成功。通常比其他特征的客户更难接受新事物。

急先锋沃尔特（洞察销售的好买家）：他一旦意识到问题的严重性，就会迫不及待地想要做出改变。

循序渐进格雷格（洞察销售的不良买家）：注重稳定性和安全性，一次只能让他关注一个目标，进展会非常缓慢。

谨记，不管客户出于何种商业或情感理由购买，每位客户在与销售人员沟通、决策、形成策略和推进行动方案时都有个人偏好。也就是说，不是每个人都以同一种方式购买。

第 11 章 | 如何让销售培训效果好、时效长？

1996 年，《彭博商业周刊》(*Bloomberg Businessweek*) 刊登了一篇题为《莱德发现了物流的无限商机》的文章。文中描述了莱德如何从一家主要经营卡车出租和买卖的公司转变成"运输供应商"。想象一下这种策略转变给莱德销售团队带来的影响。前一天他们商业名片上的头衔还是"卡车销售人员"，第二天就变成了"全球供应链管理和综合物流解决方案顾问"。

20 世纪 90 年代，货运业转向物流的现象非常普遍。那时我们的合作方中有一家公司，他们面临着与莱德公司同样的转型。我们的任务是将卡车销售团队转变成物流顾问团队。

将传统的卡车销售和租赁策略归纳一下，结果就是"你想买卡车吗？好的，哪种类型的卡车？"。当公司的全部策略转移到物流时，一切都需要调整。想说清楚所有的销售策略转变可能要用好几页纸，为了节约时间，我们只告诉你那次培训活动的标题是"（公司名称）洞察销售"。

在那之前和之后，RAIN 集团的顾问们培训过各行业的销售人员，通过销售想法和鼓励客户转变思路，帮助他们提高身价，推动需求。在本章中，我们将分享取得销售培训成功的 7 条秘诀，这是我们多年经验的总结，能够帮助企业成功培训出洞察型销售人员。我们从反面角度阐述了这 7 条秘诀——销售培训失败的 7 宗罪，因为客户告诉我们，他们觉得这样更容易对号入座，"哈，这就是我们"，然后采取行动改变这些错误。

销售培训失败的 7 宗罪

ES 研究小组（ES Research Group）提供给我们一些惊人的数据，我们一起看看：

◎ 公司每年花费 34 亿～46 亿美元外聘销售顾问进行培训。
◎ 85%～90% 的销售培训在 4 个月后失去效用。

投资巨大，收效甚微，时效很短。

每种销售培训都是如此。如果公司努力打造一支洞察销售团队，由于任务艰巨，一旦失败，更加无法遮掩。幸运的是，只要留心，销售培训失败的原因是可预测、可解决的。我们观察到最常见的问题如下：

◎ 不能将预期结果和学习需求相统一；
◎ 不能评估和培养必备素质；
◎ 不能熟练运用销售知识和技能；
◎ 不能提供销售人员愿意积极参与的有效培训；
◎ 不能定义、支持和激励行动；
◎ 不能让学习内容变得持久和可迁移；
◎ 缺乏评估和跟踪，不能持续提高。

1. 不能将预期结果和学习需求相统一

如果商业领导者将他们的目标和期望建立在一厢情愿的想法上，销售培训根本不可能产生持久的效果。他们低估了实施培训所需的工作，因而不能创造出期望中的行为改变；他们高估了定期零散培训活动的影响。正如威斯康星大学和路易斯安那州立大学的研究者所说，销售培训的商业目的通常是些"陈词滥调而非真正的行动计划"。

医疗保健还是娱乐行业？

在我们写作本书时，尼尔·雷克汉姆告诉我们，销售培训跟两个行业很相似：医疗保健和娱乐行业。我们以前没从这个角度考虑过，但是我们的确能看到其中的共通之处。如果将销售培训比作医疗保健行业，那么它的目的就是改善状况。想要让"保健类"的销售培训取得成功，你需要了解正确的情况、合适的"治疗方案"、"医护人员"的细心照顾和"病人"的积极配合。如果将销售培训比作娱乐行业，那它就仅仅是一次愉悦的活动，它可能会给人留下一些印象，几个月后你可能还记得玩得多开心，但是对实际情况没有丝毫影响。

我们与一个商业领导者交谈，他正在筹划一场销售培训活动，他预期的结果是将一个服务和配送团队打造成积极向老客户推销新产品的销售团队。他们打算如何做呢？通过洞察。他们还告诉我们成功对于他们至关重要，公司的前途在此一举。

我们问培训时长是否达到半天，回答是"没那么多时间，只有4小时"。我们问受训者在培训前后能否投入时间和精力进行网上学习，以便增强学习效果并接受更有针对性的指导？回答是"没有安排，我们能不能把注意力放在如何增强团队活力上？"。

这场培训的目的是医疗保健，但是采用的方式却是娱乐休闲。我们认为这行不通。投入必须充分全面，才能保证预期产出。在这种情况下，培训的目标非常明确，但是学习和改变的动力完全不能与之匹配。

评估团队的学习需求

谈到销售人员的学习需求，公司领导者需要弄清楚：

◎ 销售团队目前距离获得成功所需的技能、知识和特点还有多大差距（起点，也称为 A 点）？

◎ 每个人的发展潜能有多大？

◎ 每个人最可能通过哪种销售角色获得成功（这个人是否有潜力成为洞察型销售人员）？

◎ 他们成功后的情况是怎样的（新现实，或称为 B 点）？

◎ 从 A 点到 B 点需要投入多少时间和精力？

根据阿伯丁集团的研究，82% 的同类最优公司进行了销售培训，而落后公司只有 68% 的销售培训率。同类最优公司指的是行业排名前 20% 的公司，他们的做法比行业平均水平高很多，业绩优秀。如果领导者不去深究销售人员如何做才能取得预期效果，销售培训活动只能：

◎ 侧重团队不需要的内容；

◎ 遗漏团队需要的内容；

◎ 传达的内容不合适（不是太简单就是太高深，合不合适只能碰运气）；

◎ 不能开展生动的学习过程，不能培养岗位所需的技能和知识。

在开展任何销售培训活动之前，成功的公司都会认真选择正确的学习方法，以帮助受试者实现行为改变，帮助公司取得预期成效。

2. 不能评估和培养必备素质

我（约翰）曾经在一家大公司工作，在那里我认识了一群能力突出、表现出众的人，后来他们退休了。这是个大问题，但他们没告诉任何人！虽然他们仍旧来上班，但再也没能取得以前那样辉煌的业绩。他们本是优秀人才，善于销售，但他们不再像以前那样竭尽全力追求卓越了。随着热情的消退，他们的业绩一落千丈。以前工作的激情、对于销售的热爱、表现导向、金钱导向和坚持不懈都不复存在，剩下的只是骄傲自满。

他们呈现出来的这些是素质，不是技能。素质造成了他们过去的成功和后来的平庸。

将素质、技能、知识一起评估

在销售类学术期刊发表文章的研究者声称"评估能力（素质）绝对必要"。领导者不评估销售团队成员的素质，销售培训将毫无作用，因为：

◎ 销售人员缺乏成功的动力。他们接受了销售培训，甚至可能掌握了成功必备的技能和知识，但是他们没有足够的动力去追求优秀业绩，有时甚至可能不能创造业绩。

◎ 销售人员自身的不足。即使在那些有成功动力的销售人员身上，有时也会存在某些不良素质，不停地拖他们后腿。

如果一个人缺乏成功的动力，他就会没有工作和销售的热情，没有表现导向，缺乏紧迫感和决断力，如此一来他就没有必要去参加培训。虽然你很想让你的孩子去上医学院，但是如果他的生物课成绩经常不及格，而且他的职业理想是教艺术史，那么他考入医学院的希望就很小。

如果销售人员自身存在不足，即使销售人员具备能力，也可能失败。

> **延伸阅读**
> INSIGHT SELLING

缺乏决断力

假设一位销售人员正在听一位客户谈论购买技术的计划。这位潜在客户说他计划在三个领域推进。这位销售人员已经多次亲身经历过这些技术难题，知道客户会在其中两个领域收到良好效果，而第三个领域则可能是个灾难。这位销售人员应该告诉客户这点。但是因为缺乏决断力，他可能会闭口不谈。销售人员缺乏决断力的一个常见原因是想得到客户的肯定，他们对任何可能让客户生气或影响自己与客户关系的话题都避而远之。

销售人员因为想得到客户的肯定，就把客户的满意和关系的融洽置于销售的成功之上。大约47%的销售人员因为过于想得到客户肯定，导致销售效果受到影响。

如果不对每位成员的特征进行真实而深刻的探究，销售培训活动就会存在一些缺陷，最终导致培训失败。下面就是一些常见的反面例子（见表11.1）。

3. 不能熟练运用销售知识和技能

虽然洞察销售技能非常重要，但它只是"能力"这枚硬币的一面，另一

表 11.1　缺乏必备素质

行为	常见问题
销售人员回避冲突	销售机会堆积，虽看起来业务量很大，但无法产生效益，因为销售人员不能严格筛选和跟进，不能与客户的管理层保持平等关系，不愿提出逆耳忠言，对客户的拖延表现得唯唯诺诺，行动很容易受到客户压制
提问方面的问题（不去问重要的问题，提问不够充分，会谈时间过短）	挖掘客户需求不够深入，让客户主导了销售会谈。没有树立专家形象，思维不够果断
不愿联系	因为害怕拒绝而不愿开发新客户。因为不想打扰客户，而不去开发新客户或跟进老客户
恭顺的言辞和行为（比如过分迎合客户）	不能保持平等关系，显得过于迁就或软弱
不适宜的跟进	为了得到肯定，投入的时间和精力过多

面是销售知识。正如我们在第 8 章提到的，洞察型销售人员需要掌握众多领域的专业知识。

有些公司领导者会这样说："我们提供知识培训。我们甚至每年都举办活动，帮助成员学习跨领域的知识。"不幸的是，这么做通常没什么用。因为它们只注重产品或服务，内容不够充实。这些培训只是塞满了 PPT，销售人员根本记不住听到的内容。有的公司做得稍微好些，要求销售人员学习并参加考核。即便如此，他们发现销售人员仍然不能将所学知识应用到销售会谈中。销售人员想把知识付诸实践，不仅需要准确性，还需要熟练度。

我们把熟练度定义为准确性＋速度＋适宜的宽度和深度。如果知识培训止步于准确性（有时连这步都做不到），而没有上升到熟练度，那么公司就会错过一次巨大的收入增长机会。

的确，同类最优公司的销售人员能更好地展现产品相关的知识，理解客户面临的挑战，并有针对性地将产品或服务应用于这些挑战。换句话说，他们在理解客户需求和形成有说服力的解决方案之间建立了关联。

正如本书中一直强调的，销售人员不仅需要了解他们的产品以及如何满足客户需求，他们还需要了解售后情况，以及如何引导客户度过艰难的摸索阶段。他们还需要知道怎样最大限度地帮助客户取得成功。当销售人员在这些知识领域仍处于摸索阶段时，他们就缺乏为交易带来洞察的基础和自信。

销售培训要起作用，则销售知识培训必须做到：

◎ 与销售技能培训齐头并进；
◎ 拓展内容，能够覆盖全部所需领域；
◎ 确保销售人员熟练掌握。

关于最后一点，很多人会说："熟练掌握需要时间。你不能期望外行立刻能成为专家。"没错，不能立刻。但是，成为专家的时间能够并且应该比现在大部分公司做到的更短，这么做越来越重要。正如吉尔·康耐斯在《敏捷销售》中所写的："更快变好很重要。"在洞察销售领域，这句话怎么强调都不过分。如果客户不信任销售人员的专业能力，他们就不会采纳销售人员的建议。

4. 不能提供销售人员愿意积极参与的有效培训

培训活动通常有些无聊和混乱，有些培训对如何运用策略解释得不够清楚，销售人员听后往往不会觉得自己应该去尝试。正如之前提到的，据估计85%~90%的销售培训活动在4个月后就会失效。如果一次培训活动失败了，那么它就是毫无积极意义。

设计蹩脚、反响差劲的培训活动除了浪费时间外，还有更大的负面影响。

糟糕的培训会使销售人员今后不愿参与类似的培训，还可能对销售团队的士气产生不良影响。

如果培训无聊、没用，和销售团队的水平不匹配，说教太多而实践机会太少，销售人员都不会积极参与。

不参与＝不学习＝行为得不到改变。

对于培训活动本身，公司应该做到内容科学，邀请德高望重的培训师参与。培训师也必须采用合适的教学手段，比如角色扮演、案例研究、场景模拟、视频学习和其他互动形式。否则，不仅这次培训活动会失败，将来让这些人接受培训也会变得更加困难。

5. 不能定义、支持和激励行动

根据阿伯丁集团的调研，85% 的同类最优公司会采用正规的销售方法，尤其倾向于选择外部供应商。这些同类最优公司不仅重视销售培训，而且最终绩效也很优异：

◎ 在他们的销售代表中，83% 达到了销售指标，行业平均水平为 52%，落后公司的数据为 6%。
◎ 公司收入的年均增长率为 15.4%，行业平均水平为 5.6%，落后公司为 －1.5%。
◎ 平均销售成交量或合同价值增长率为 5.3%，行业平均水平为 0.7%，落后公司为 －2.6%。

同类最优公司在销售培训方面投入更多，是行业平均水平和落后公司的两倍多，显然，他们的收获也更多。

流程和方法论

我们来看看流程和方法论是如何起作用的。

流程：一系列有序的行为，通常分阶段进行，目的在于实现具体目标。

◎ 流程是行动的指南。如果想让销售人员在交易过程中创造洞察，公司就必须将洞察纳入流程中。
◎ 流程能帮助销售人员提高效率，完成更多任务。
◎ 流程能避免销售人员浪费时间做无用功。
◎ 流程能够自我完善。如果公司能够量化流程，就可以管理它。寻找成功人士，了解他们成功的方法，然后公司就能帮助其他人复制这种成功。

方法论：一整套的策略、原则、指南、工具、学习途径、语言和销售评估准则。

◎ 方法论提供了销售过程的指南和具体的操作工具，比如引导销售会谈，挖掘潜在客户，进行演示，取得承诺，设定目标，以及客户管理等。
◎ 方法论创造了统一的语言，公司里每个人都可以理解、学习和应用。
◎ 方法论帮助人们判断销售过程中不同的做法是否行得通，并为全体销售人员和公司提供分享平台。

那些善于将洞察销售发挥作用的公司，将洞察销售视为企业文化的一部分，而流程和方法论就是其中很重要的组成部分。

我们做了一个表格，说明 RAIN 模式如何融入一个重要的客户关系管理（CRM）系统中（见表 11.2）。当销售人员对于该做的工作有了直观的认识，有实时的培训和可用的工具，并能够直接在客户关系管理系统中进行追踪时，流程和方法论的采用率将大大提高。

如果公司想取得销售培训的成功，请不要忽视流程和方法论，否则培训只能流于形式。

目标和行动计划

流程和方法论是行动的基本指南，它们能帮助销售人员了解何时应采取何种行动（流程），以及怎样做好它们（方法论）。但如果销售培训只是进行到这一步，而没有培训销售人员的目标设定和行动计划能力，销售人员的公司仍会错过提升业绩的良机。

在为创作销售图书而进行的调研过程中，我们与盖洛普咨询公司（Gallup Consulting）工作场所管理与福利部门的首席科学家吉姆·哈特（Jim Harter）博士交谈过。盖洛普公司曾问过 1 250 万人，"我清楚自己的工作目标吗？"，略高于一半的人回答"非常清楚"，也就是说，有略低于一半的人不清楚自己的工作目标。

哈特博士进一步告诉我们："那些没有回答'非常清楚'的人，工作业绩会受到很大影响。"

销售培训能帮助销售人员设立和追踪工作目标，这不仅能让销售人员明确自己的工作内容，也能让他们充满动力。在建立行动计划之前，应该先设定目标。如果没有清晰的书面目标，行动计划对于销售人员来说将毫无意义。缺乏意义指引，行动规划的长期实施就会受到影响。

目标一旦确立，不仅能够最大程度增强行动效果，而且能够提高销售人员的工作和销售热情，增强他们的表现导向和金钱导向等意识。这些合力通

表 11.2 RAIN 模式在客户关系管理系统中的应用

购买阶段	机会阶段	销售人员的行动与结果	不满意/调研	分析	干预	选择	签合同
	挖掘潜在客户		初期客户调研	发现客户需求	形成解决方案	呈现解决方案	执行方案
			制订计划，深入了解客户	呈现机会，用故事说服客户	分析问题和明确客户痛点	认同：呈现有说服力的方案	发送可操作协议
			初期宣传价值定位	建立亲密关系	形成解决方案	认同：展现冲击服力和新现实	谈判和修改提案
			联系客户，准备会谈	发现客户的渴望和痛点	解决方案满足客户需求	差异化：否认竞争对手优势	取得口头、书面和公开承诺
			开启机会计划	明确整体投资回报率	加强和阐明影响	证明和降低风险	移交执行团队
			持续进行客户调研	建立可能的新现实	呈现解决方案的策略	收集所有反馈	
			第一次会谈计划	讨论/呈现可能的方法	提案清单	排除异议	
	促成交易		安排会面	了解客户明确交易过程	客户确认方案制定	客户确认你的方案最优	客户签订协议
			激发客户好奇心和兴趣	了解客户和交易角色	客户参与方案评审	客户同意执行计划	客户宣布交易
				所有客户参与会谈	客户同意下一步工作		

219

常能够增加销售人员的成功动力。

我们之前讨论过能力,如果销售人员有能力,他们就可能取得销售成功。我们之前也讨论过销售人员的素质,如果销售人员具备必要的素质,他们也可能取得销售成功。如果将流程和方法论、目标和行动计划也加入其中,我们将得出最终结论:如何做才能取得销售成功。

一旦销售人员掌握了流程和方法论,具备了明确的目标和行动计划,他的销售过程就会更加充实有序,充满活力,也更加高效。

> **延伸阅读**
> INSIGHT SELLING

销售顾问激发行动

销售培训应该帮助销售人员学习建立目标和制订行动计划,但是销售顾问通常需要确保目标和行动计划不是空谈,确保销售人员将使用目标和计划变成习惯。我们见到的大部分销售培训将重点放在抓住机遇和争取潜在客户方面,这固然重要,但不应该是销售顾问的工作内容。

销售培训应该注重执行效果和提供建议。伟大的销售顾问承担着5种角色,从而能够最大程度激发销售团队的行动力。

1. 定义:最优秀的销售顾问会帮助销售人员明确目标和行动路径,追求个人的新现实,即他们最期望的未来。

2. 执行:销售顾问帮助销售人员建立和执行行动计划,提高销售人员的效率,并突出工作重点。

3. 建议:销售顾问直接提供合适的建议,帮助销售人员最大限度地取得销售成功。

4. 培养:销售顾问提高销售人员的知识、技能和素质,帮助销售人员从根本上改善销售业绩。

5. 激励：销售顾问激励销售人员长期保持精力充沛，提高行动效率。

在这 5 种角色中，有 3 种是直接指导销售人员做出合适的行动，帮助销售人员提高效率。

6. 不能让学习内容变得持久和可迁移

一场销售培训结束几个月后，销售人员通常会说：

◎ 我不记得销售培训活动中讲过的内容。
◎ 我懂得不够多，不会使用讲过的工具、应用和建议。
◎ 我练习得不够，使用起来不够自信。
◎ 我做了些尝试，但是行不通，不是很确定这些做法是否有误。
◎ 我相信这种遗忘是正常的。

大部分销售培训最多持续 2~3 天，在这几天里销售人员学习并练习新技能。这种纯活动型培训的弊端在于它的影响会慢慢消退。即使刚开始会有些积极作用，4 个月后销售人员的行为会退回到培训前的水平。

加强培训的持久影响

成人的学习是一个持续的过程，只有通过反复练习和记忆，销售团队才能将培训知识内化，并持续应用它们。假设一场销售培训活动效果很好，活动结束之后，销售人员可以继续保持学习效果或任其消退（见图 11.1）。

正如阿伯丁集团在一项研究中发现的（见图 11.2）："首先由讲师集中传

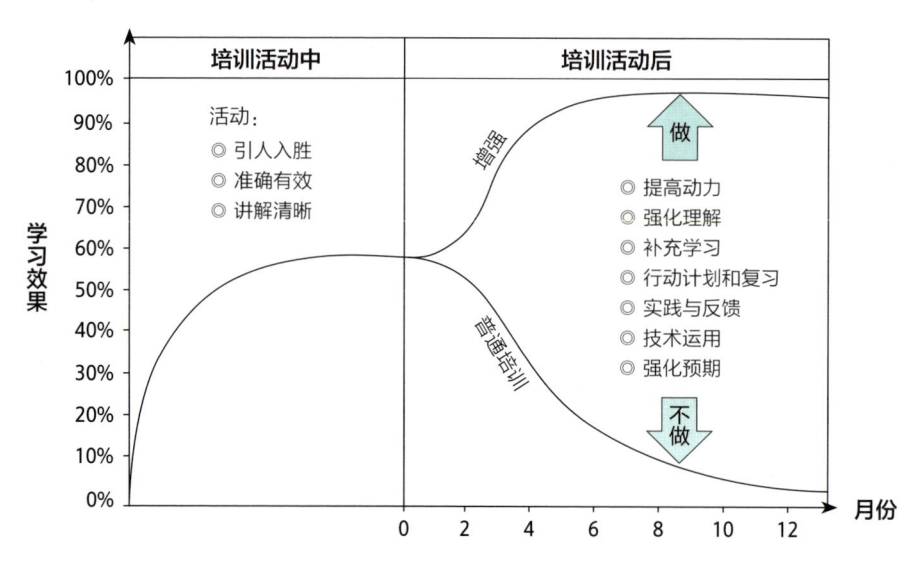

图 11.1 培训师主导的培训前后

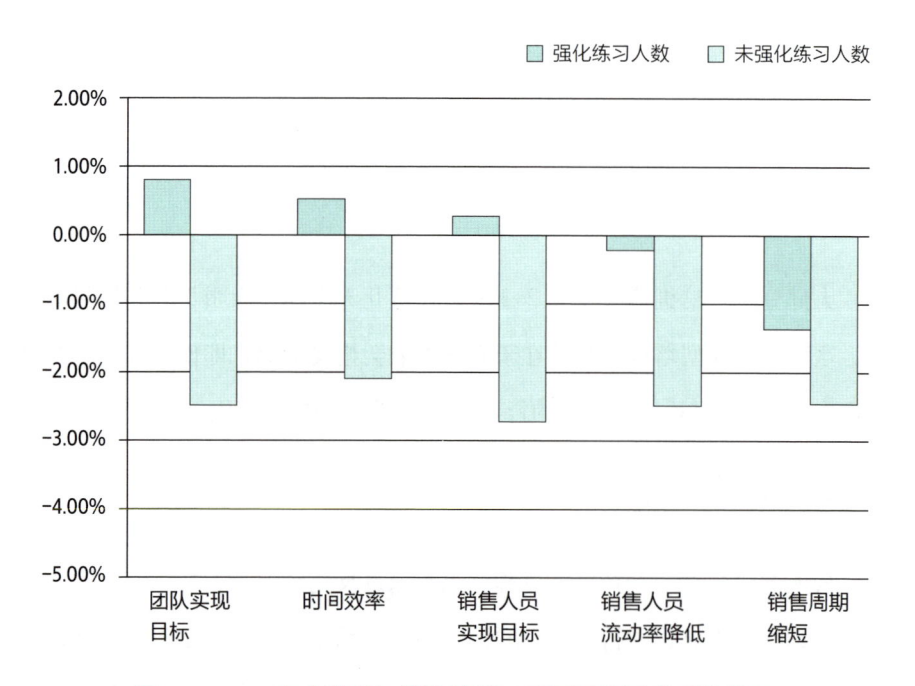

图 11.2 835 家企业参加销售培训，开展强化活动后的效果

来源：阿伯丁集团，2001 年。

授优秀销售技能，培训后进行强化练习，同类最优公司在这方面投入的时间几乎是落后公司的两倍。这些公司清楚，长期成功取决于反复练习销售培训中的优秀做法。"

这些强化练习对销售业绩产生了积极影响。虽然大部分人都知道学习需要强化，但培训结束后的强化练习却经常被大家忽视。那些对优秀做法进行强化练习的公司，极大提高了培训效果和销售业绩。

7. 缺乏评估和跟踪，不能持续提高

虽然这个话题对大部分人来说并不新鲜，但它仍没有得到充分的重视。大部分参加过销售培训的公司实现了收入的增长。销售（像其他行业一样）是个持续的过程，是一系列可辨别、可量化的投入与产出。如果销售人员能够提高过程的效率（完成更多任务）和效能（高质量完成任务），就能增加最终产出（收入）。然而，根据阿伯丁集团的统计，只有9%的企业评估了行为改变，只有7%的企业评估了培训活动为企业带来的成果。

销售绩效评估流程

那些系统评估销售表现的公司可以获得如下价值：

◎ 他们能够衡量销售培训的影响。
◎ 他们能够改善整个团队的销售策略和推广成功率。
◎ 他们能够舍弃低效的销售策略和培训内容，选择更高效的策略和培训。
◎ 他们能够加快学习过程，让新手销售人员更快取得成效。
◎ 他们能够持续进步。

评估活动本身对销售业绩也有积极影响。绩效评估流程对客户续约率、交易金额、团队完成销售任务情况和个人完成销售任务情况都有积极的作用。

缺乏有效的培训和销售绩效评估流程，销售培训就会一败涂地，因为公司不清楚成功的标准。再者，缺乏评估流程，公司就无法追究销售人员不作为和不进步的责任。

评估缺位 = 责任缺位

销售绩效评估分析如果实施得当，就可能变成优势竞争力的源泉。事实上，根据阿伯丁集团的调研，同类最优公司花在销售分析上的资源，比落后公司多 67%。

正如托马斯·H.达文波特（Thomas H.Davenport）在《数据分析竞争法》（*Competing on Analytics*）中写的："各个企业通过数据分析进行竞争，不仅因为他们具备这个能力（数据在今天的商业世界中已无孔不入），还因为这么做有着重要意义。很多行业中的公司能够提供相似的产品、采用类似的技术，商业流程是最后一个可以突出自己特色的领域。通过数据分析进行竞争的公司想利用这个过程将价值榨取干净。"

善于运用分析法，企业就能加入这些精英的行列，成为通过持续进步取得成功的公司。当万事俱备时（见图11.3），公司的销售队伍将：

◎ 能做；

◎ 会做；

◎ 知道怎么做；

◎ 做好工作，并且持续进步。

很多销售培训没效果，那是因为企业领导者不明白如何让它发挥作用。如果领导者能将这 7 宗罪变成 7 宗"最"，洞察销售就会真正大放异彩。

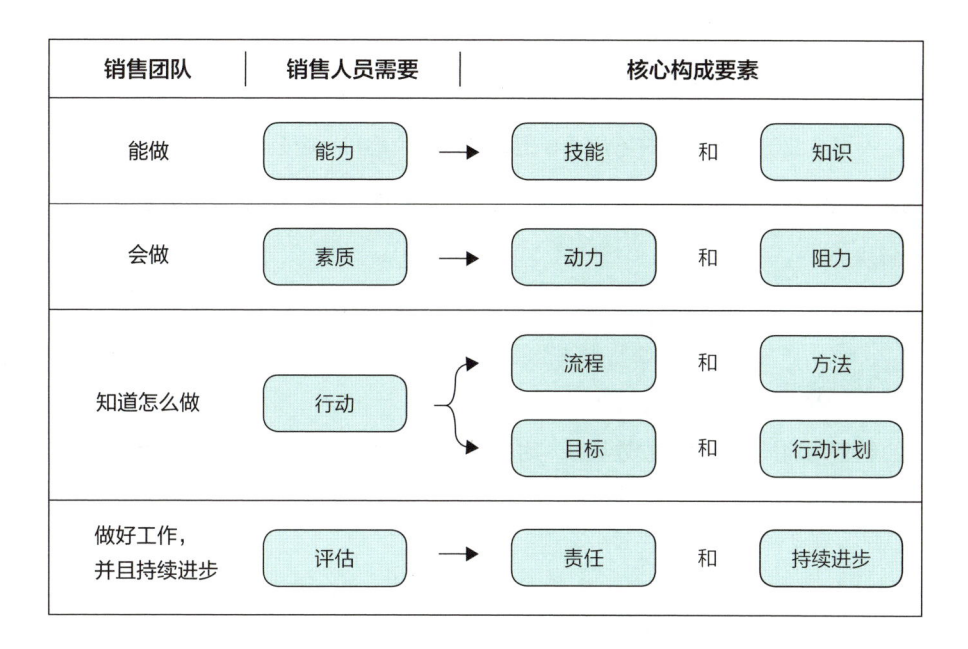

销售团队	销售人员需要	核心构成要素
能做	能力 →	技能 和 知识
会做	素质 →	动力 和 阻力
知道怎么做	行动 →	流程 和 方法 / 目标 和 行动计划
做好工作，并且持续进步	评估 →	责任 和 持续进步

图 11.3　能力、素质、行动和评估

绝对成交笔记
INSIGHT SELLING

核心内容

很多企业的销售培训并不成功，但相较普通公司和平庸公司，表现优秀的公司确实通过销售培训提高了业绩。幸运的是，7 种常见的销售培训失败原因是可预测、可解决的。

关键回顾

销售培训投资巨大，收效甚微，时效很短。销售培训常出现的问题见表 11.3。

表 11.3　销售培训失败的 7 宗罪

问题	解决方法
不能将预期结果和学习需求相统一	评估团队的学习需求： ◎ 想要取得成功，销售团队需要具备什么样的技能、知识和素质 ◎ 识别每个成员的发展潜能 ◎ 识别每个成员最可能通过哪种销售角色获得成功（以及这个人是否有潜力成为洞察型销售人员） ◎ 展望他们成功之后的情况 ◎ 判断实现目标需要投入多少精力和时间
不能评估和培养必备素质	除了知识和技能，还需评估销售人员的素质： ◎ 销售人员是否有成功的动力 ◎ 销售人员是否自身存在不足

续表

问题	解决方法
不能熟练运用销售知识和技能	熟练度 = 准确性 + 合适的宽度和深度 销售人员必须能够熟练掌握如下情况： ◎ 客户和销售人员的行业 ◎ 客户行业的动态 ◎ 销售人员的公司能对客户起到什么帮助 ◎ 销售人员的公司能解决客户的什么需求 ◎ 产品或服务 ◎ 竞争情况 ◎ 购买和销售 ◎ 售后发货，包括怎样做最有效
不能提供销售人员愿意积极参与的有效培训	不参与 = 不学习 = 行为得不到改变 培训内容要适合销售人员的水平 邀请德高望重的培训师进行培训 采用合适的学习方式，比如角色扮演、案例研究、场景模拟、视频学习和其他互动形式
不能定义、支持和激励行动	实施流程和方法论 ◎ 流程：行动的指南。如果想让销售人员在交易过程中创造洞察，公司必须将洞察纳入流程中 ◎ 方法论：在销售过程中提供具体工作的操作指南和工具，比如主导销售会谈、挖掘潜在客户、进行演示、取得承诺、设定目标，以及客户管理等 设定目标和行动计划： ◎ 目标：明确期望，最大程度提高动力和使命感 ◎ 行动计划：设定目标后确立，有意义的计划可以保证长期有效的执行
不能让学习内容变得持久和可迁移	培训后要巩固，增强持续效果 成人的学习是一个持续的过程，只有通过反复练习和记忆，销售团队才能将培训知识内化，并持续应用它们

问题	解决方法
缺乏评估和跟踪，不能持续提高	没有评估＝没有责任 采用数据分析取得的进步，不断成功 经过这样培训的销售人员： ◎ 能做 ◎ 会做 ◎ 知道怎么做 ◎ 做好工作，并且持续进步

后记
INSIGHT SELLING

创造基于价值的可持续竞争优势，
你就能获得稳定的销售成功

一位女士沿着街道行走，路过一个建筑工地。她看到一个工人正在那里努力地砌砖，她问："你在干什么？"

那个工人转身回答："你不是看到了吗？我在砌砖。"

她继续往前走，遇到另一个工人在做同样的事情。不知何故，她又问了同样的问题："你在干什么？"

第二个工人回答："我在建墙。"

她又走了一段路，看到第三个工人也在做同样的事情。同样地，她问这个工人："你在干什么？"

第三个工人转身回答："我在建教堂。"

在 RAIN 集团，我们大部分时间都在传授销售方法和理论。在一次研讨活动中，我们将《绝对成交大客户营销内训手册》中的关联、说服与合作的框架大致讲述了一遍。

在大概介绍了主要内容之后，我们留出时间让参会人员提问和点评。第一个提问的是刚进入销售业的新手，他的问题是："熟练掌握这套方法要花很长时间吧？"答案是肯定的。

即使你具备卓越的潜质，也不可能在一夜之间变成吉他高手、神经外科专家或空手道大师。销售行业同样如此，无论你是想充分发挥个人潜力，还是希望提高自己公司的销售水平，你都必须从长远出发建造洞察销售这座教堂，砌好一砖一瓦。

当然，我们在市场上也见过《吉他速成》（Guitar Made Simple）或《空手道速成》（Karate Made Simple）之类的书，还有《销售速成》（Selling Made Simple）。我们希望永远都不要看到《神经外科速成》（Neurosurgery Made Simple），但谁也说不准。

然而，如果你认真建造洞察销售教堂，就需要切实付出耐心、努力和时间。有时，这个过程会让你感到毫无意义：早起，砌一天的砖，晚睡，第二天重复前一天的工作。那些自主创业的人都能理解这种感受。

但是这些付出都值得。产品或服务可能越来越可替代，但人才永远不会。如果你想学的只是成交的技巧和窍门，那么你可能不会特别喜欢这本书。但是，如果你追求的是稳定的销售成功，创造基于价值的可持续竞争优势，那么本书可能正适合你。

我们写这本书的目的，是为销售人员们描绘一幅行动蓝图，这些销售人员不仅要推销产品的价值，更要让自己成为价值的基本组成部分。我们希望你读完本书后学会并运用洞察，对你大有裨益（我们对此有底气）。

当然，最终的实践者是你自己。只有你能让自己训练、学习、应用、走出舒适区，并尽力砌好每一块砖。埋头苦干吧，某天你抬起头时会发现，你建好了自己的教堂，它建立在坚实不倒的地基之上。

附录 A
INSIGHT SELLING

在销售会谈中运用洞察

带给客户新理念和新视角

我们的研究表明，销售赢家使用新理念和新视角教育客户的频率超过第二名 3 倍多。

很多销售人员看到这个数据，可能会说："好吧。我以后也应该采用更多的演示去引导客户，告诉他们应该做什么以及应该如何做。"

诚然，做演示和讲故事是让客户了解市场趋势的重要方式。如果销售人员能做一场有震撼力、有说服力的演示——我们不妨称之为"具有说服力的故事"，那么，销售人员就有希望成为洞察型销售人员。

但通过演示推动洞察，只是在销售会谈中运用洞察的一半内容。

在销售会谈中运用洞察的另一半内容，则是与客户对话时，进行洞察所带来的价值。

洞察销售的具体形式

洞察销售是通过有价值的观点创造和赢得销售机会，推动客户做出改变的过程。洞察销售在实际运用中有两种表现形式：互动洞察和机会洞察。

互动洞察：销售人员在与客户沟通中，通过思想碰撞和策略讨论的方式提供价值。

机会洞察：注重销售某个特定的想法，通常以新策略的形式出现，引导客户购买特定的产品或服务。

机会洞察强调销售某个有可能引起购买的特定想法。它是由销售人员主动提出，引入客户不了解的潜在策略、解决方案或概念。

但互动洞察强调的是与客户的合作，即销售人员与客户进行持续对话，制定策略，并最终达成交易。

借助互动洞察，销售人员可以改变客户的信念、观点和行动议程，让客户按表面价值（Face Value）满足一切需求的同时，给销售人员带来远超表面价值的价值。

掌握互动洞察，销售人员就能真正地改变销售会谈。

认知重塑

无论采用何种洞察形式，洞察销售的成功都依赖于认知重塑。认知重塑指创造看待观点、事件、情况、策略和行动可能性的新方式。换句话说，用有价值的观点推动改变。

我们可以按这样理解：如果有人问，更能影响人们思维的推销方式是讲述还是询问？大多数成功的高管培训师、销售培训师和战略咨询师都会回答："询问。"询问的主题可以是：

◎ 有关假设、策略和计划的问题；

◎ 有关传统观念和经验法则的问题；

◎ 有关客户的想法、可能的选择以及如何应对挑战的问题。

这些询问可以引发思考和比较。事实上，销售人员提出的每一个问题都有可能改变销售会谈。

让客户离开他们的舒适区，他们就会开始考虑，也许还有更好的方法做这件事，也许还有比这件事更好的事——但仅限于也许！

引导客户走出舒适区

当销售人员与一位试图推进采购计划或议程的客户合作时，客户通常会处于自己的舒适区：要么满足于试图完成的事情，要么满足于打算完成这件事的方式。

但很多客户可能正在向对自己不利的方向前进，因为他们还不知道销售人员能带来的产品或服务，也不知道可能还有更好的选择。

因此，销售人员的工作就是帮助客户做出最优决策，这往往意味着引导他们做出新决策。

新决策往往会带来不确定性。因此，从理论上看，这个过程不会发生在舒适区，故销售人员要将客户带出舒适区。按照消费者教育理论和洞察销售的观点，我们称之为将客户引入学习区，这是能进行洞察的地方。

如果发现客户处于舒适区，销售人员的第一项任务就是引导他们离开这里。因此，销售人员需要让客户质疑原有的信念和假设，让他们的思维进入正确的学习模式。但这种引导不能过于强势：如果客户认为销售人员带来的压力太大，就有可能彻底拒绝引导；如果客户被压力击垮，他们往往会越过学习区而直接进入麻痹区（见图 A.1）。

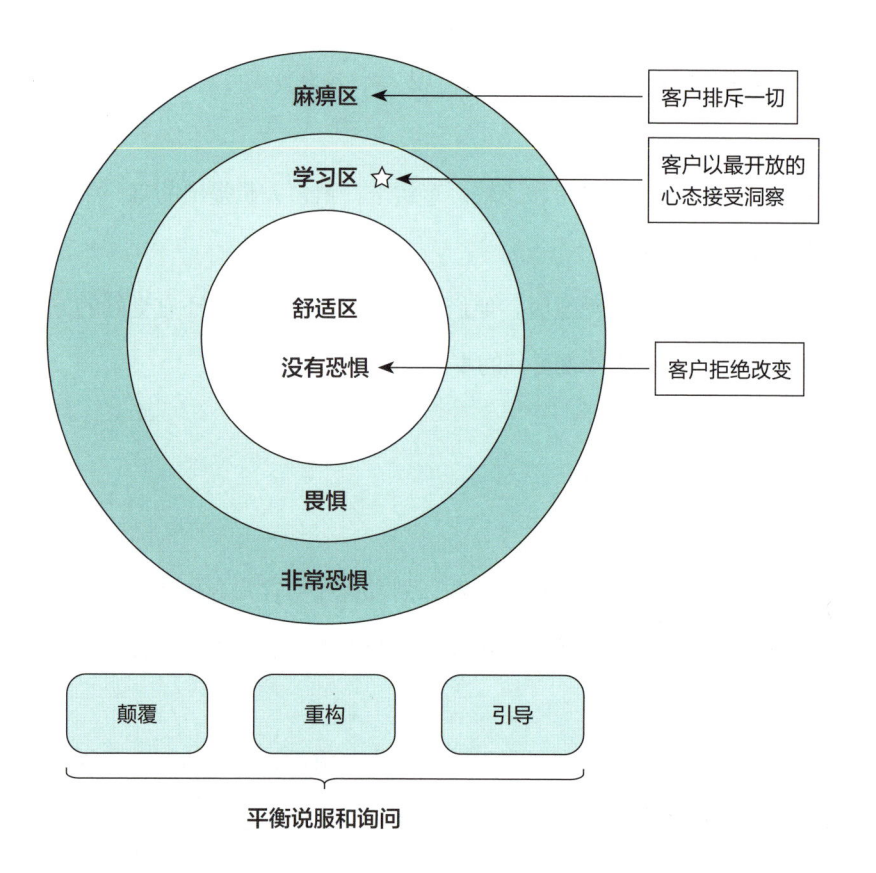

图 A.1 舒适区、学习区与麻痹区示意图

销售人员的目标是让客户质疑自己的行动议程和看待事物的观点。当这种质疑达到一定程度时，他们自然会对新理念和新视角敞开心扉。

要做到这些，销售人员需要颠覆、重构和引导（见图 A.2）。

颠覆、重构和引导对话示例

我们的行为逻辑基于自己的认知体系，换句话说，就是我们坚信的事实。

附录 A

颠覆
通过质疑或推荐其他方法，颠覆客户目前的想法。

重构
鼓励客户以不同角度思考问题。

引导
引导客户找到可行的更优方案。

图 A.2 颠覆、重构和引导思维图

客户可能会说：

◎ W 不起作用。

◎ 只有两条路径可以到达 X。

◎ 我们无法解决问题 Y。我们试过了很多次。

◎ 我们不需要做 Z。

一旦认知形成并付诸实践，我们就不会再去思考合理性，而是将其视为理所当然的事情。这已成为下意识的过程，完全不会自审。我们相信自己的信念，而且往往对自己的认知和信念习以为常。

但销售人员要学会反问：

◎ 如果 W 有作用，该怎么办呢？

◎ 如果还有第三条路径可以到达 X，该怎么办呢？

◎ 如果尝试不同方法最终解决了问题 Y，该怎么办呢？

◎ 如果不做 Z，在接下来的两年里，我们的竞争对手将我们远远地抛在后面，该怎么办呢？

引导客户思考他们从未想过的新现实

通过提出问题,销售人员可以颠覆客户固有的思维以及他们认定的真相。提出问题,让客户走出舒适区,他们将会开拓思维,接受改变,进入学习区。这也是销售人员实施重构和引导的目的地。

◎ W 确实有作用,具体操作方法是这样的……
◎ 还有第三种,甚至是第四种到达 X 的新路径,具体是这样做的……
◎ 根据我的经验,造成 Y 的根本原因通常是误导。我的一位客户曾以不同方式解决问题 Y,并取得非常可观的回报。

首先是问题(询问)颠覆了客户的思维。一旦做到这一点,销售人员就可以重构讨论过程和并引导客户采取更优路径(说服)。询问和说服相结合,构成了一个高效组合。

询问不但可以发现客户对需求的初级认知,而且,当销售人员询问"为什么"和"如何"之类的问题时,还可以发掘客户的隐性需求。

说服有助于推广新理念和新视角(见图 A.3)。

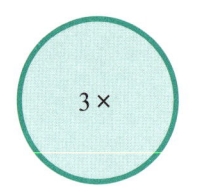

3×
销售赢家使用新理念和新视角教育客户的频率超过第二名 3 倍。

96%
96% 的客户表示,销售人员专注于其能提供的价值是影响自己购买决策的首要因素。

81%
81% 表现最好的销售企业强调为客户带来最大价值(其他企业的这个比例为 61%)。

图 A.3 3 个有助成交的技巧占比

询问与说服的强强结合

询问与说服能帮助我们深化客户关系，赢得客户信任。把握好询问与说服的度是一种高超的销售理念。下面是一个销售人员通过询问（问题）和说服（陈述和故事）让客户走出舒适区的例子。

销售人员："你认为怎样做才能让公司销售额增长率不只限于每年3%，而是提高到9%呢（询问）？"

客户："其实我不确定能否做到。"

销售人员："我认为这是可能的。在我们会谈结束后，我们双方都很有可能清晰地认识到这种可能性的存在（说服——这是实施颠覆的环节）。我的另一位客户阿珂姆户外用品有限公司（ACME）的吉姆·史密斯（Jim Smith）也经历过相同的情况。事实证明，史密斯以前始终没有考虑的3种策略，均有助于将销售额增长率从每年3%提高到12%（说服——重构问题）。"

向客户询问，是促使他们走出舒适区的最直接方式。这种方法的核心在于销售人员应信心十足，而不是咄咄逼人。这是为了让客户接受新思维，当客户质疑他自己的假设时，就会发生这种情况。

要达到这个效果，销售人员需要这样做：

◎ 愿意提出一些旨在引导客户走出舒适区的问题，这样，你就可以引导客户实现最大化价值和最优结果。

◎ 准备极具启发性的问题、故事以及有说服力的建议。

如果客户的想法、实施的计划或针对如何实施的规划均不能给他们带来最佳结果，销售人员的目标就是颠覆客户的想法，重构讨论主题，并引导客户另辟蹊径。

颠覆思维并进行互动洞察的 9 个问题

虽然销售人员可以用无数问题颠覆思维并获得洞察，但我们发现，如下 9 个问题可以最大化激发灵感。

1. 为什么？

- ◎ 你为什么选择这个策略？
- ◎ 你为什么这样说？
- ◎ 你为什么这样认为？
- ◎ 你为什么认为是这样的？
- ◎ 你为什么选择 A 而不是 B？

销售人员以维持合作的语气询问为什么，实际上就是在让客户自证合理性。如果他们能给出令人信服的解释，那当然没问题！但在大多数情况下，他们要么无法解释，要么给出错误的理由。

在思考和回应的时候，客户自己即有可能得出新的洞察。即便客户没有收获，但只要理解了他们"为什么"这么选择，销售人员就有机会向他们介绍新理念。销售人员既可以提出他们没有考虑过的可能性，也可以帮助他们以新的方式思考问题。

2. 你为什么没有做到？

这本身就是一个值得关注的"为什么"式的问题。

尽管这个问题有挑战性，但实际上并不存在争议。对客户来说，可能是因为以往的方案更便宜、更基础、思考不周、执行不力，甚至是因为过于复杂的解决方案或方法曾给他们带来失败。因此，客户的回答不仅为销售人员了解失败的原因提供契机，还可以为销售人员找到更好的解决方案提供灵感。

3. 如何？

- 你如何看待这个事情的全过程？
- 你认为需要如何做才能使之成为企业文化的一部分？
- 如何才能规避 X、Y、Z 等经常出现的问题？

"如何"这个问题可以突出潜在的问题和挑战，并帮助销售人员判断哪种方法更有可能取得成功。客户或销售人员都有可能提出有助于解决问题并改进方案的建议。

4. 什么？

- 你认为什么是有可能的？
- 你认为做什么有效，做什么是无效的？

通过"什么"问题，销售人员会看到客户信以为真的事情与真实或可能发生事情之间存在的差距，进而引导客户也能看到两者之间的差异。

5. 你是否考虑过……

通过这个问题，销售人员会发现客户考虑但却未能以正确方式落实的方法，或客户根本没有意识到的现成方案。无论何种情况，销售人员都可以让客户豁然顿悟。

6. 会产生什么冲击力？

通过客户对"冲击力"问题的回答，销售人员会有如下收获：

◎ 让客户看到冲击力以及这种冲击力如此重要的原因。这很关键。

◎ 在你的帮助下，客户通过认真思考而对冲击力产生更深刻的认识。这很重要。

◎ 客户认为冲击力太小以至于无须采取行动，但你可以让客户认识到冲击力不止于此。或者客户会向你展示为什么这个冲击力不足挂齿，这样，你就可以和客户继续讨论其他更有成效的冲击力。

◎ 客户不了解某种冲击力，但你知道这种冲击力非常强烈。因此，你可以帮助客户发掘潜力。

7. 如果不采取行动会发生什么？或者解决问题耗时太长会导致什么？

提出这样的问题可以让客户考虑不作为带来的后果，进而大大增加客户行动的紧迫感。比如：他们的竞争对手会趁机领先，他们会大量流失现金，人员流失率会持续上升而导致工作运转不可持续，等等。此时，客户或许需要销售人员的引导才能认识到不作为或行动迟缓造成的后果。无论哪种方式，都会带来新洞察，并让客户增加行动的紧迫感。

8. 你怎么知道这些情况？或者你为什么相信这一点？

客户可能会分享毫无依据的"事实"。或者说，他们所分享的事实以前确有依据，而今已不再符合实际情况。通过询问，让客户陈述背后的理由，销售人员可以帮助客户对自认为的"事实"发出质疑。

9. 有什么遗漏吗？

面对这个问题，客户经常会发出这样的回应："好问题！"这也可能促使客户分享应该做却没有做的事情。客户坦诚分享自己的想法，不仅可以给他们带来洞察，而且也为销售人员提供了参与的机会。此外，和其他问题一样，任何回复都存在不确定因素,这就为学习和洞察开启了大门。

补充说明

这 9 个问题都会得到有一定根据、全面性和信服性的答案。但只要继续追问,这些答案和论点就有可能会被彻底颠覆。这些"全面性"会变成冰山一角,"信服性"也会逐渐变得毫无信服力。

哪怕只是再问几次"为什么",都可以让客户活跃思维,恍然大悟。

按照上述 9 个问题的基本模式,以富于洞察的询问,颠覆客户的固有思维,从而影响他们的行动议程。

颠覆客户想法时,要做好准备

在销售会谈中,销售人员颠覆客户的想法时,可能会认为,只要自己的观点是合理的,客户就会说:"哦,我怎么没有想到。真是个好主意,我该怎么做呢?"

诚然,有些客户会以开放的心态接受销售人员的想法,并做出积极的反应。如果是这样,那当然再好不过了!因为销售人员已经改变了客户的观点,而且正在创造新价值。

遗憾的是,大多数客户不会这么顺从,但这未必是坏事。只要销售人员对常见的反应做好准备,而且知道如何回应,销售人员将引导销售会谈进入更有效的模式。

在大多数情况下,销售人员会遭到客户一定程度的抵触甚至反对,甚至这些反对毫无依据。毕竟,客户可能耗费数周或数月时间才得出现在的计划或想法。

我们介绍几种客户的常见反应以及回应方式:

1. 客户可能会说:"是的,没错,但我不这么认为。"

在这里，销售人员可以提出如下问题颠覆客户的想法，譬如：

◎ 这是为什么呢？

◎ 你以前做过什么？

◎ 你为什么认为它没有作用？

◎ 你为什么认为其他方式能更好地帮你达到预期结果？

通过提出这些颠覆性问题，销售人员可以帮助客户对自己的抵触或反对发出质疑。

销售人员可能无法改变客户的观点——至今也不能！但这些问题可以帮销售人员打开通往洞察的大门，引导客户意识到问题的严重性，为销售人员展示价值创造机会。

2. 客户极端抵触，甚至刻意反对，他们可能会这样说："我们并不需要这个。"

销售人员可以把这类话视为客户的防御之举，并继续提出一些颠覆性问题，但一定要谨慎。销售人员当然不想让客户认为自己固执己见或不擅长倾听。销售人员应关注客户话语中透露出的蛛丝马迹，试着找出客户心里真正在意的东西。

3. 如果客户说"我们不能那样做""我不这么想"，或者采取其他方式的戒备行为，这可能只是他们的条件反射。

销售人员对客户最初拒绝新想法的做法要提前做好心理准备，因为很多人面对新事物的第一反应都是拒绝，特别是一些新颖或者超前的理念，更难第一时间被大众认可和接受。

客户要么只是不想改变，因为他们正处于自己的舒适区；要么认为销售人员的想法不可信，对他们没有帮助；要么觉得销售人员没有倾听自己的声音；要么根本就不想进行更多的思考或工作。

比如说，客户可能已经发出建议邀请书，而且倾向于自己想出的解决方案，在这种情况下，客户会很固执，甚至极力反对新想法。毕竟，他们已经为此投入了大量的时间和资源。

正是在这种情况下，销售人员才能充分利用自己在产品、服务、公司、解决方案、客户、行业、竞争等方面的深度知识。销售人员在这些领域的丰富经验和渊博知识，为开展洞察销售提供了用武之地。如果销售人员知道客户在建议邀请书中忽略了某些对其成功意愿重大的环节，销售人员可以通过提问为客户提供有价值的洞察。

当提出有洞察力的问题时，会发生什么？

当销售人员提出有洞察力的问题时，会引发一件非常有趣的事情：它会刺激大脑释放血清素，产生新的神经连接（Neural Connections），此时，大脑进入解决问题模式。神经连接这个概念是领导力专家玛丽·乔·阿斯姆斯（Mary Jo Asmus）在 2017 年提出的。

神经连接的过程可能需要几小时、几天，甚至更长时间。但经过这个过程，"我们不能那样做"可能会变成"但也许我们可以这样做，因为这样做会取得更好的结果"。此时，销售人员已对客户的思想进行了重构。

在销售人员颠覆客户的思维时，要充分考虑客户在现有条件下所能得到的最大价值，考虑如何给客户带来最优的结果。然后，客户可能也会认识到，只要改变思维，他们就可以，而且完全有可能得到更优的结果。

就像我们大多数人一样，客户刚开始也会只考虑眼前，没有长远规划。因此，如果销售人员能高瞻远瞩，帮助客户意识到还有更好的结果，客户会认同销售人员的价值，在情感上接纳最佳方案，致力于推行这个方案。

销售人员想提供最优的方案给客户，但随后发现客户并不热衷于该方案，那么，销售人员可以随时用事实证明自己的方案，与此同时，销售人员也应适当降低预期目标。但如果销售人员不以洞察销售发掘潜力，则从开始阶段就已经远离这个最优方案。诚然，追求更高目标总是有风险的，但对那些严格执行洞察的销售人员而言，必定会得到更高的回报。

将洞察贯穿于整个销售周期

将洞察贯穿整个销售周期：发现潜在客户及其需求，制定解决方案，演示推介及成功获客（见图 A.4）。

在整个销售过程中分阶段运用洞察

销售人员和潜在客户会面，并试图向客户推荐一个新想法。此时，销售人员可能会说："我想花 5 分钟时间和你分享这个想法及其可能带来的冲击力。如果它能引发你的认同，我们即可进一步探讨。"销售人员开始向客户讲述具有说服力的故事。

在"发现需求"过程中，如果销售人员知道客户需要的是 Y，而他们可能还要求得到 X，此时，销售人员可以采用互动洞察方式说："我们实际上认为，能带来最优结果的是 Y，而不是 X。具体原因是这样的……"

销售人员也可以这样说："在接下来的几年里，平台会向着这个方向发展，这将对你的供应链产生重大影响。我们现在就是解决这个问题，让你在市场中占据有利位置，成功地从竞争对手手中夺取市场份额。"

然后，客户可能会问："这种方法如何运行呢？"如果这样的话——即便并非如此，销售人员也可以就此开始讲述具有说服力的故事。

附录 A

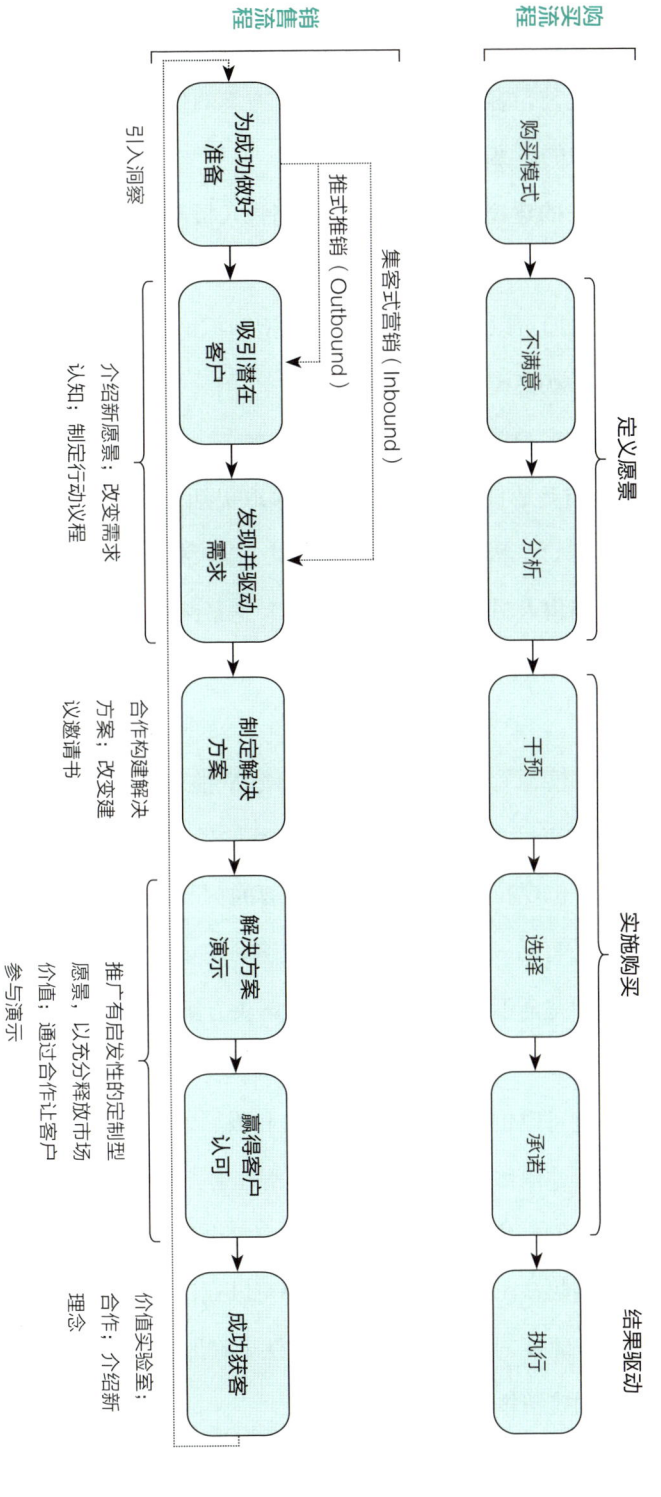

购买流程
- 购买模式
- 不满意
- 分析
- 干预
- 选择
- 承诺
- 执行

定义愿景 / 实施购买 / 结果驱动

销售流程
- 为成功做好准备
- 吸引潜在客户
- 发现并驱动需求
- 制定解决方案
- 解决方案演示
- 赢得客户认可
- 成功获客

推式推销（Outbound）
集客式营销（Inbound）

引入洞察：
介绍新愿景；改变需求
认知；制定行动议程

合作构建解决方案；改变建议邀请书

推广有启发性的定制型愿景，以充分释放市场价值；通过合作让客户参与演示

价值实验室：介绍新合作；理念

图 A.4 将洞察贯穿整个销售周期

注：价值实验室（Value Labs）是指通过召集引导合作式会议向客户展示实现价值最大化的方法。

245

最初，客户可能会认为这个方案对他们意义不大。不管怎样，在销售人员分享愿景之前，客户永远看不到这个方案的优势。此时，销售人员正在重构和引导客户的思维。

对客户的建议邀请书也一样，销售人员不要认为客户的建议邀请书不可更改。销售人员完全有能力利用洞察提出异议。即便客户说："请不要质疑"，销售人员依旧可以发问，而且未必会遭到拒绝。销售人员或许不会马上成功，一旦成功，就会让其脱颖而出。

大订单客户通常对讨论采取接受态度，甚至在采购过程中，他们也接受讨论。他们对是否修订建议邀请书采取灵活态度——既可能坚持既定要求，也会接受修订。因此，客户可能会说："继续，把这些想法也加到方案里。"这可能是销售人员提出异议，有机会参与最终推介并赢取客户的关键。

在制定解决方案时，客户可能会说："我们不需要做 X"或者"我们明年会解决 Y"。销售人员可以这样回答："我明白你的意思。但我们不妨先放下眼前的事情，看看 X 是什么样？而把 Y 推迟到明年的优缺点分别是……"

讨论结束后，客户可能会作出这样的答复："有道理，我以前觉得 X 确实不需要，但现在看来或许还是有必要的！"

或者还有另一种可能，共同研究各种方案的优势和劣势后，以合作方式达成另一种完全不同，甚至是更优的解决方案。

开发新客户最能展示洞察销售的优势。如果销售人员负责价值实验室，销售人员就可以借此机会，提出激发和吸引客户的新理念，让其成为目标客户。正是通过销售人员的宣传推介，潜在客户才会考虑接受新理念。

在完整的销售周期中，销售人员有机会让客户从长计议，致力于寻求最大化的长期收益。整个洞察销售过程可以通过多次互动洞察分阶段实施。但如果事先合理规划，就可以把这种方法更好地嵌入到销售过程中，抓准时机，充分发挥洞察销售的优势。

使用互动洞察的 10 个技巧

1. 让互动洞察贯穿于整个销售周期

销售人员不要刻意束缚自己。从发现潜在客户和需求，制定解决方案，推介演示，一直到赢得客户的整个过程，销售人员可以在销售流程中的每个阶段都影响客户的观点（见表 A.1）。

表 A.1　新观点激励客户形成冲击力

常见的限制成交的客户想法	销售人员激励客户从不同角度考虑	冲击力
"我只需要技术。在实施方面完全不需要支持。"	"这是一项针对管理的变革举措。如果贵方不能正确理解，自然不知道这项变革的优势。"	◎ 项目成本：200 万美元 ◎ 失败的成本：6 个月内会导致收入减少 2 000 万美元 ◎ 6 个月的风险成本：2 200 万美元 ◎ 执行支持的成本：20 万美元 ◎ 无执行支持的成功率：40% ◎ 有执行支持的成功率：90%
"我们应该做项目 A、B 和 C。"	"我们应该做 A 和 B，但 C 是一项投入巨大但回报甚微的项目。所以，我们应该选择项目 F。"	
"这个项目预计需要 6 个月的时间。"	"如果我们采取不同的组织方式，这个项目可能只需 6 周的时间。"	

2. 创建一份常见的客户待修改观点列表

销售人员可以反复浏览这张列表，在其中寻找适合具体客户的新理念和新视角。在寻找过程中，销售人员不妨反问自己：客户会对哪些方面感到不满意？客户难道不知道该如何解决自己的问题吗？客户是否还有目前尚未意识到的更美好的未来？

3. 知晓客户应考虑的观点

销售人员需要反问自己：针对客户如何解决自身困境或问题，我还有哪些新视角？客户怎样才能实现目前还缺乏可行性的愿景呢？我能给他们带来哪些更理性的思路呢？

4. 了解客户为什么应改变他们的想法

销售人员需要反问自己：如果不能改变客户的想法会付出怎样的代价？在当下接受一个新观点或解决方案为什么这么重要？新想法的价值是什么？

5. 随时准备对客户应改变想法的理由进行讨论

如果能与客户分享以往令人信服的相似案例，客户就更有可能改变他们的想法。

6. 如果客户心存戒备，可以通过提问颠覆他们的想法

◎ 为什么会这样？

◎ 你以前做过什么？

◎ 你为什么认为它不起作用？

通过这些问题就可以重构讨论的框架。销售人员可以帮助客户对其假设发出质疑，这为改变客户的思路创造了机会。

此外，如果客户心存戒备，销售人员需要意识到，客户需要一点时间消化和吸收这些新观点。销售人员不要奢望在分享新观点的那一瞬间，洞察销售就能立竿见影。

7. 当你对客户想法提出质疑时，应该从可能得到的最好结果入手

很多人都习惯只考虑当下，但销售人员的眼光应该放长远些，这样就可以让客户思考更美好的前景。这样，客户就会在情感上倾向于选择有可能实现最优解决的方案。

8. 不要认为建议邀请书不可更改

尽管建议邀请书让人感觉很正式，但无论它的需求、方法、时间进度表、实施计划还是成功指标等要素，都可以根据实际情况适当修订。

9. 不要向不合适的人施压

制定决策且有权调整战略的高层人士往往更偏爱新思维和洞察，因为他们敢于为追求更优结果而冒险。但对普通客户施加太大压力或采取错误方式，很可能会让他们敬而远之。

10. 不要磨灭热情

销售人员用力过猛或缺乏情商的质疑，都有可能让其失去与潜在客户对话的资格。

在销售会谈中使用洞察的注意事项

销售人员可以利用互动洞察改变销售会谈，通过与客户反复对话，创造洞察就能带来价值。要做好这件事，销售人员需要采取如下对策：

◎ 与客户对话中,综合发挥询问（提问）和说服（陈述和故事）的优势。

◎ 提出可颠覆、重构和引导讨论方向的问题，引导客户走出舒适区，让他们欣然接受新观点，并帮助他们做出最优决策。

◎ 在颠覆客户的想法时，提前了解客户可能会出现的常见反应。不管客户最初如何回应，销售人员可以按本书提供的指南执行，并尽可能取得最有利的结果。

◎ 在销售过程中恰当使用洞察，并在必要时随时发挥洞察的作用。

◎ 关注客户在特定情况下可能获得的最大收益，集中精力为客户带来尽可能好的结果。

◎ 考虑常见的有局限性想法和应对措施，对客户可能作出的任何抵触性回应做好准备。

打造洞察型销售人员

洞察型销售人员能够以洞察改变销售会谈，推动需求并实现差异化销售。

如今，销售模式的变化已远远超过过去几十年的变化。客户更为老练，而且拥有大量可随时查阅的研究成果和信息资源。此外，在数字经济新时代下，越来越多的客户已开始启动远程办公，因而销售人员也不得不面对更多的非市场干扰。

销售人员只要能够将洞察灵活运用，就能吸引客户注意力，加强关系，实现差异化竞争并最终赢得大订单，RAIN 集团多年来的销售培训和实际成果证明了洞察销售的科学性。

RAIN 集团长期关注销售领域的新动态，再加上以企业及销售人员经常面对的销售场景作为调研基础，因而我们很有底气：洞察销售具有高度的普适性，完全可以在实践中发挥立竿见影的作用。

认真阅读本书，你和你的团队将会掌握如下技能：

◎ 以最相关、最有价值的理念为客户创造购买动力；
◎ 利用重构和颠覆认知的问题促使客户接受新理念；
◎ 讲述具有说服力的故事，触动客户，塑造其思维并推动最终成交；
◎ 以颠覆性解决方案创造全新的可能性；
◎ 引导高级别层面的销售会谈，影响客户的行动议程。

RAIN 集团提供世界级的销售理念：

◎ 模块化，多模态，为新时代销售人员量身打造；
◎ 以我们的"执行保证"理念来推动行为调整的独特方法；

◎ 专注于推动对客户影响最大的商业成果；

◎ 为新技术开发、采纳和实施提供转型经验；

◎ 通过以行动为导向的辅导帮助销售人员为应对现实环境做好准备，并为销售人员提供直接反馈。

RAIN 集团致力于充分释放企业的销售潜力：

◎ 制定和改进销售战略、流程、信息传递及人才开发流程；

◎ 通过屡获殊荣的销售培训提高组织的销售能力；

◎ 设计和执行战略性客户管理计划；

◎ 提高销售管理及客户辅导的有效性。

最优 IP：在 RAIN 集团销售研究中心，我们持之以恒地开展销售研究。通过深入广泛的理论研究和实战操作，我们得以创造出具有行业领先水平的知识产权，帮助我们的客户实现最大成功。

最优培训系统：我们使用最优教育手段、方法和技术，确保我们的培训切实有效，与实际情况相符，并最终转化为现实工作成果。

最优结果：我们的使命是，通过卓越的质量以及为客户创造变革性成果而产生价值，并最大程度地让客户满意。

附录 B

如何讲述具有说服力的故事

洞察型销售人员擅长将道理讲成故事，遵循相似的故事框架，为客户带来新现实。具有说服力的故事要具备如下几点（见图 B.1）：

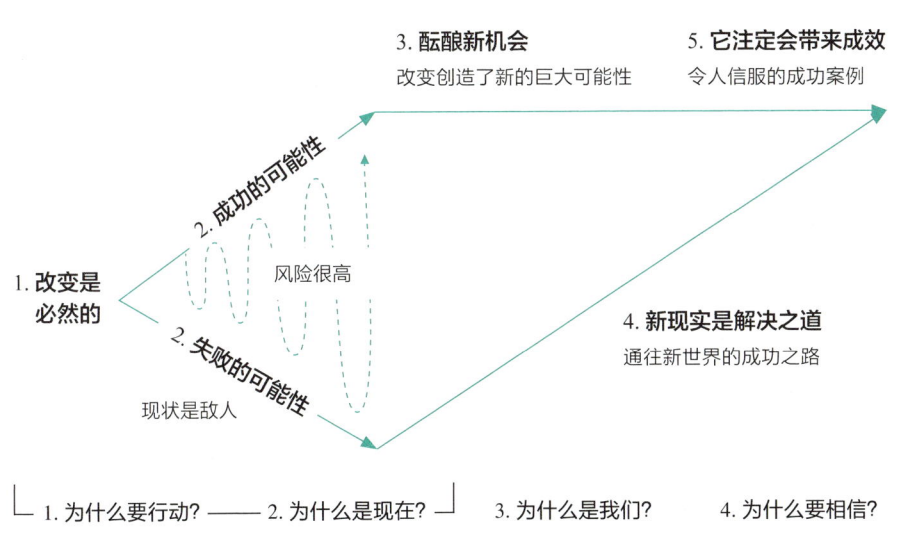

```
                3. 酝酿新机会              5. 它注定会带来成效
                改变创造了新的巨大可能性    令人信服的成功案例

       2. 成功的可能性
                     风险很高
1. 改变是
   必然的                              4. 新现实是解决之道
       2. 失败的可能性                  通往新世界的成功之路
                     现状是敌人

  1. 为什么要行动？ — 2. 为什么是现在？   3. 为什么是我们？   4. 为什么要相信？
```

图 B.1　讲述具有说服力故事的 5 点技巧

1. 改变是必然的

销售人员通过对客户世界的敏锐观察，与之建立融洽的关系和树立良好的信誉。一旦关系建立，销售人员就将成为改变的使者。

2. 成功的可能性 vs 失败的可能性

确认当前状态及其为什么不够理想的原因。对进入新领域，探索差异化的渴望是每一次行动与变化的核心，也是洞察销售的一个关键组成部分。与此同时，提醒客户关注某些当下还遥不可及的可能性。让客户充分认识到未来的无限可能性，就能激发他们取得成功的渴望。

3. 酝酿新机会

针对结果展开沟通，围绕新的可能性创造渴望。很多销售人员都知道该如何讲述投资回报率的故事，但他们很少会不遗余力地去宣传冲击力的价值。冲击力可以让客户更容易接纳新机会。

4. 新现实是解决之道

就在客户陷入"绝望深渊"而感到不得不听天由命时，很多销售人员也会一筹莫展，但洞察型销售人员却让他们看到一条与众不同的道路。这是一条已帮助他人成功走出深渊的新道路。它带来的是新现实！当客户看到其他人因改变而有所成就时，他们自然会效仿和采纳。洞察销售的一个重要结果，就是帮助客户认识到，洞察型销售人员所拥有的知识、精诚合作和伙伴关系对他们的成功至关重要。

5. 它注定会带来成效

建立合作后采取行动。大多数销售人员只会迫不及待地建议客户采取行动，特别是说服客户签单的下一步行动。但很少有销售人员善于和客户建立真正的合作关系。当客户认识到这是一种合作关系时，就更有可能与作为合作伙伴的销售人员达成交易。此时，销售人员更应该积极邀请客户讨论和合作。

很多销售人员因为急于求成而半路夭折。从讨论到成交是一次巨大的飞跃。如果销售人员想办法吸引合作对象注意，销售人员就拥有了一块接近实现销售并提高销售成功率的跳板，会大大缩短成交的过程。合作可以建立信任，这会增强客户信心，让客户更容易接纳销售人员的想法。

致 谢

著名演员亨利·杨曼（Henny Youngman）说过这样一个经典短笑话："我告诉医生我在两个地方摔断过腿，他告诉我以后别去那些地方。"

如果你是销售人员，那你每天都会去那些地方。我们知道有些销售人员连续好几年跟进一个价值几千万美元甚至几亿美元的订单，最后还是没有签约成功。这些人中很多人宁愿摔断腿，也不愿屈居第二。即使订单额比较小，一旦失败也会很痛苦。

但如果你因为害怕摔断腿而不去这些地方，你就会错过体验成功的快感的机会，错过改善客户生活的机会——因为他们做出了正确的决定，向你购买。可以肯定的是，作为销售人员，你必然会有得也有失。

因此，我们得出的结论是，要尽可能去赢，要尽可能去争取大订单。同时，虽然失败无法完全避免，但是有些地方的败局很明显，就差在门上挂个牌子"今日特供：摔断腿"了，你应该远离这种地方。

几周前，我们和一家市值几十亿美元的全球咨询公司的老总交谈。他手下的顶级战略客户经理的销售额是普通战略客户经理的 3 倍，客户数增长得也更快。我们问他："根据你的观察，是哪些因素让顶尖员工脱颖而出？"他停顿了好久，最终回答："他们能创造奇迹。"

他说得没错。他们的确能创造奇迹。如果我们能挑选出一部分销售人员，无论是全职的销售人员还是从事销售的领导者、专业人士和企业家，只需告诉他们"去创造奇迹吧"，然后就可以坐等奇迹出现，这样该有多好。但我们现在还没研究出如何做到这点。幸运的是，每个令人惊叹的奇迹背后，都有一系列详细具体的行动方案，一位熟练的魔法师会在合适的时间，按照适当的顺序执行行动方案来创造奇迹。我们的使命是分析出销售奇迹产生的原因，将其操作步骤进行分解，最终通过教育、指导和训练帮助销售人员创造出这些奇迹。

如果你想在销售行业充分发挥自己的潜能，如果你想创造奇迹，不要听杨曼所说那个医生的建议，你应该听比尔博（Bilbo，小说《魔戒》中的人物）的建议："这是件危险的事，弗罗多（Frodo），快走出门，"他经常这样说，"一旦你踏上这条路，如果不能坚持下去，谁也不知道你会被带到哪里。"

对于那些谨记本书观点，并且愿意努力成为有洞察力的销售人员的人来说，研究和经验告诉我们，你最可能被带到胜利者的圈子中。

和销售一样，写作一本书也是创造奇迹的过程。当然我们不是在孤军作战。首先，感谢玛丽·弗莱厄蒂（Mary Flaherty），如果没有她对《绝对成交大客户营销内训手册》幕后研究的热情和坚持，这本书就不会出现。

怀着深深的感激，我们想致谢 RAIN 集团的同事：凯特琳·比索内特（Kaitlyn Bissonette）、乔恩·卡尔森（Jon Carlson）、鲍勃·克罗斯顿（Bob Croston）、米歇尔·戴维森（Michelle Davidson）、史蒂夫·艾勒森（Steve Elefson）、特德·希尔（Ted Hill）、辛西娅·爱恩森（Cynthia Ironson）、贝丝·麦克拉斯基（Beth McCluskey）、德尼兹·奥尔贾伊（Deniz Olcay）和埃丽卡·斯特里奇（Erica Stritch）。他们的付出让我们有时间写作，他们的大力支持贯穿这本书从构思、调研到最终成型的全过程。

我们还要感谢日内瓦的阿戈·克鲁伊坦（Ago Cluytens）以及悉尼的贾

致　谢

森·默里（Jason Murray）和安迪·斯普林格（Andy Springer），他们每天都在用 RAIN 集团的知识资本和培训帮助客户获胜。

《绝对成交大客户营销内训手册》的内容主要基于对 700 多家公司的购买行为的分析和研究，以及与客户就购买经历开展的 150 场谈话。这些客户中有很多人，包括价值几十亿美元的公司的高层领导，同意我们直接引用其公司的重大购买经历。

非常感谢格里·卡迪、杰克·克兰、戴维·立西、杰夫·帕克、史蒂夫·斯特怀特、伦纳德·施莱辛格、杰夫·萨默斯、韦恩·图瑞斯基、桑迪·韦尔斯。同样特别感谢尼尔·雷克汉姆教授对销售行业毕生的真知灼见，他还为本书写了推荐序。

感谢我们尊敬的客户，感谢您与我们合作，接纳我们成为您团队中的一分子。最后，我们非常感谢家人无私的爱和始终如一的支持，你们让一切变得有意义。

关于作者

迈克·舒尔茨
RAIN 集团联合创始人兼总裁

迈克·舒尔茨是 RAIN 集团的联合创始人兼总裁，也是全球知名的销售培训和业绩提升方面的专家、顾问和演说家。他是《华尔街日报》畅销书《绝对成交话术内训手册》和《绝对成交大客户营销内训手册》的合著者，被誉为全球销售思想领袖，在 2011 年获得销售精英奖。

舒尔茨和 RAIN 集团的团队与惠普（HP）、哈佛商学院（Harvard Business School）、富达投资（Fidelity Investments）、瑞德（Ryder）、昆泰（Quintiles）、法维翰咨询（Navigant Consulting）、纽约梅隆银行（Bank of New York Mellon）和劳氏等数百家机构合作过，帮助它们提高销售业绩，培养顶尖人才。

《商业周刊》（BusinessWeek）、《环球邮报》（The Globe and Mail）、《公司》（Inc.）杂志、微软全国广播公司（MSNBC）和其他数百家媒体都发布过舒尔茨的原创文章，并经常引用他的专业言论。舒尔茨最近的研究有《销售赢家如何与众不同》（What Sales Winners Do Differently）、《战略客户管理高性能基准报告》（*The Benchmark Report on High Performance in Strategic Account Management*）等。

舒尔茨撰写过数百篇销售方面的文章、案例研究和报告，每年在主要行业会议上发表数十篇主题演讲。他还是巴布森学院(Babson College)市场营销系讲师。

约翰·E.杜尔
RAIN 集团联合创始人

约翰·E.杜尔是销售技巧和策略方面的权威。作为RAIN集团联合创始人，他为几千位销售人员、领导者和业务主管提供过咨询、培训和指导，帮助他们提高销售业绩，并通过洞察销售获得成功。

杜尔在商业领导方面有着丰富的履历，包括高级行政管理，商业开发和营销，产品和服务开发等。他培训过数千名销售专业人员，通过内部培训和公开展示帮助他们掌握复杂的销售技能。他曾与Deltek、伦敦商学院（London Business School）、亿康先达（Egon Zehnder）、Rothstein Kass、Woodard & Curran等数十家机构合作过，帮助它们提高销售业绩。

杜尔是《华尔街日报》畅销书《绝对成交话术内训手册》《专业服务营销》和《绝对成交大客户营销内训手册》的合著者，被誉为全球销售思想领袖，在2011年获得销售精英奖。

杜尔经常在本特利大学和巴布森学院担任客座讲师，在世界各地的会议上发表销售和市场营销方面的演讲。作为一位领导者，杜尔本人已经向世界上久负盛名的组织出售了价值数百万美元的产品和服务。

杜尔曾在比利时布鲁塞尔担任欧洲管理中心（Management Centre Europe）的董事总经理，该公司是欧洲最大的管理发展和培训服务公司。

中资海派图书

《绝对成交话术内训手册》

[美] 迈克·舒尔茨　约翰·E.杜尔　著

孙路弘　译

定价：89.80 元

快速成交、反复签单的 RAIN 全流程销售模式

掌握 RAIN 模式的说话技巧，不仅能让你在短时间成交，还能让你的客户迫不及待，一而再，再而三跟你下订单！话术决定了销售的成败。

每一次谈话都是发现和赢得新客户，增加销售的机会。然而，大多数商务人士和销售人员在初次接触客户，全程交谈时，都会倍感吃力；由于一些常见的销售错误，最终导致交易失败。舒尔茨和杜尔总结自身几十年的销售经验，并大量研究和深入访谈众多世界 500 强企业销售组织的领导者，提出了"RAIN 全流程销售模式"。

RAIN 模式包括四个阶段：寒暄（获得客户初步好感，强化信任）、渴望和痛点（发现客户的期待及要解决的问题）、冲击力（引导客户意识到问题的严重性）和新现实（让客户透彻理解可以得到的价值）。RAIN 模式是经过反复验证的有效系统，帮助成千上万的销售人员展开强力销售对话，实现了突破性的销售业绩。

《拥抱你的客户》（全新修订版）

[美]杰克·米切尔 著

张若涵 曹烨 译

定价：89.80 元

如何以超预期体验，创造高访客、高转化、高复购的惊人业绩

杰克·米切尔说："销售额的增加与客户的满意度和忠诚度成正比。"保持利润的唯一方法是拥有客户。增加利润的唯一方法是通过提供卓越的服务来吸引更多客户来访。杰克在《拥抱你的客户》中分享了让米切尔服装连锁店在当今充满挑战的零售市场中茁壮成长并脱颖而出的实践理念。

以拥抱为核心意味着：与客户建立情感链接，使销售更有人情味；倾听客户的心声，为客户提供精准的定制化服务；卖给客户想要的东西，而非你想卖给客户的东西；超越客户的期望，培养出狂热的粉丝客户；为客户提供温暖的线上拥抱，把握新零售赢利关键。

《拥抱你的客户》问世20年来，已成为加印不断的里程碑式畅销书。它不仅为众多客户服务人员提供指引，还成为各大商学院开设客户服务课程的经典案例，更有大批企业口口相传竞相团购，将其作为企业的内训教材。

海派阅读
GRAND CHINA

READING YOUR LIFE

人与知识的美好链接

20 年来，中资海派陪伴数百万读者在阅读中收获更好的事业、更多的财富、更美满的生活和更和谐的人际关系，拓展读者的视界，见证读者的成长和进步。现在，我们可以通过电子书（微信读书、掌阅、今日头条、得到、当当云阅读、Kindle 等平台），有声书（喜马拉雅等平台），视频解读和线上线下读书会等更多方式，满足不同场景的读者体验。

关注微信公众号"**海派阅读**"，随时了解更多更全的图书及活动资讯，获取更多优惠惊喜。你还可以将阅读需求和建议告诉我们，认识更多志同道合的书友。让派酱陪伴读者们一起成长。

微信搜一搜　　海派阅读

了解更多图书资讯，请扫描封底下方二维码，加入"海派读书会"。

也可以通过以下方式与我们取得联系：

- 采购热线：18926056206 / 18926056062
- 服务热线：0755-25970306
- 投稿请至：szmiss@126.com
- 新浪微博：中资海派图书

更多精彩请访问中资海派官网　　www.hpbook.com.cn